W0416276

Les Néandertaliens :
l'âge d'or de l'Europe

Marcel Otte

Les Néandertaliens : l'âge d'or de l'Europe

Odile Jacob

À Rossitsa, Ulysse et Sofia,
sources permanentes de sagesse.

© Odile Jacob, janvier 2024
3, rue Auguste-Comte, 75006 Paris

www.odilejacob.fr

ISBN : 978-2-4150-0601-3

Le Code de la propriété intellectuelle n'autorisant, aux termes de l'article L. 122-5, 2° et 3°a, d'une part, que les « copies ou reproductions strictement réservées à l'usage privé du copiste et non destinées à une utilisation collective » et, d'autre part, que les analyses et les courtes citations dans un but d'exemple et d'illustration, « toute représentation ou reproduction intégrale ou partielle faite sans le consentement de l'auteur ou de ses ayants droit ou ayants cause est illicite » (art. L. 122-4). Cette représentation ou reproduction, par quelque procédé que ce soit, constituerait donc une contrefaçon sanctionnée par les articles L. 335-2 et suivants du Code de la propriété intellectuelle.

Introduction

Durant au moins deux cent mille ans, notre continent a été occupé sans discontinuer par une population unique, celle des Néandertaliens, aux variations culturelles infinies et ce dans des conditions climatiques d'une extrême diversité. Nous allons évoquer certains aspects des systèmes de valeurs aux sources d'une telle puissance adaptative, d'une telle cohérence et d'une telle pérennité. Aucune civilisation actuelle ne peut être pertinemment comparée à ce phénomène, inédit dans toute l'histoire humaine. Des modes de vie harmonieux et respectueux de la nature ont permis cette performance qui révèle une souplesse adaptative extraordinaire. Un modèle par les temps qui courent, en perpétuelle quête d'un « progrès fatal ». Ces modes de vie plusieurs centaines de fois millénaires se fondaient sur la conscience aiguë d'une fragilité structurelle entre les communautés humaines et les forces extérieures, mais dont les réponses, mûries et appliquées avec opportunité, ont rendu possible une persistance sans limites. Les formules évoquées ici ne sont jamais fixes, mais leur souplesse, adéquate et pertinente, a élaboré une gamme de comportements appropriés à toutes sortes de contraintes, économiques, spirituelles, sociales.

La littérature populaire nous a habitués à considérer globalement les Néandertaliens comme s'il s'agissait d'une autre espèce, voire d'une manière primitive de « subsistance », forcément étrangère, antérieure donc inférieure aux modes de vie « modernes » qui pourtant nous emportent vers l'anéantissement de l'espèce entière aujourd'hui. En effet, le point de vue de l'observateur aura toujours tendance à dévaloriser ce qui est extérieur et différent : cette attitude est inacceptable dans une réflexion anthropologique moderne qui se doit d'être d'une honnêteté sans faille.

Un regard dégagé d'une myopie dépassée impose de considérer l'accélération des changements forcenés comme une fatalité à laquelle nos populations européennes actuelles nous ont menés. Bien davantage, si l'on quitte notre continent, on constate que d'innombrables traditions poursuivent le respect des choses acquises et stables qui justifient leur longévité. Toutefois, l'ethnographie ne peut pas nous apporter une vision diachronique étalée sur le long terme. Il ne peut s'agir que d'exemples à méditer ponctuellement, en imaginant (avec légèreté quelquefois) leur éventuelle durée antérieure – piège inévitable dans lequel la plupart des ethnologues et des philosophes sont tombés, dès qu'ils ignorent tout de l'immense durée antérieure à leurs observations contemporaines. On peut même aller jusqu'à considérer que ce regard ambitieux n'est qu'une des facettes de cette arrogance que les hommes modernes ont manifestée vis-à-vis de ceux qui n'étaient pas eux.

Au contraire, les sites néandertaliens fournissent des informations d'une extrême abondance et d'une totale sécurité : deux siècles de fouilles intensives ont fondé des bases inébranlables qui légitiment un renouvellement de nos certitudes et de nos interrogations sur la nature humaine, rien de moins. Il est probable que les processus à l'œuvre dans les sociétés néandertaliennes, garantissant la même stabilité, aient été suivis en bien des points sur la terre mais notre information reste restreinte en dehors de l'Europe pour l'instant. Et si l'avenir nous en fournissait d'autres exemples, ailleurs, ils viendraient confirmer l'extraordinaire puissance adaptative des Néandertaliens. En ce sens alors, nous toucherions la véritable nature de l'espèce humaine, toujours tournée vers la stabilisation des contraintes, entre pérennité et audace, dans le respect du contrat signé entre la nature et l'homme. Nous y trouverions enfin les capacités propres à notre espèce et les richesses qu'elle a pu déployer depuis ses origines, le développement de la conscience dans toute sa potentialité, c'est-à-dire la connaissance précise de la distance qui sépare sa propre existence de tout ce qui l'entoure (Damasio, 1999).

CHAPITRE 1

La colonisation de l'Europe

Comme tous les primates, l'humanité est originaire et adaptée aux aires tropicales, dans son comportement, son anatomie, son alimentation et sa pensée. C'est ainsi que les grands singes anthropomorphes vivent aujourd'hui en Afrique ou en Asie méridionale. Pourtant, nous trouvons l'humanité au nord de ces latitudes dès les tout premiers moments de son histoire : depuis 1,8 million d'années en Géorgie et 1,3 dans le sud de l'Espagne, par exemple (figure 1).

Ces occupations humaines très anciennes dans les aires septentrionales n'ont jamais cessé depuis lors ; elles se sont toujours étendues davantage en termes de géographie et de démographie tout en s'accompagnant de modifications anatomiques significatives (allègement de la face et du crâne ; Leroi-Gourhan, 1964-1965, 1983).

Figure 1. Évolution humaine de l'Afrique vers l'Eurasie (Gowlett, 1999)

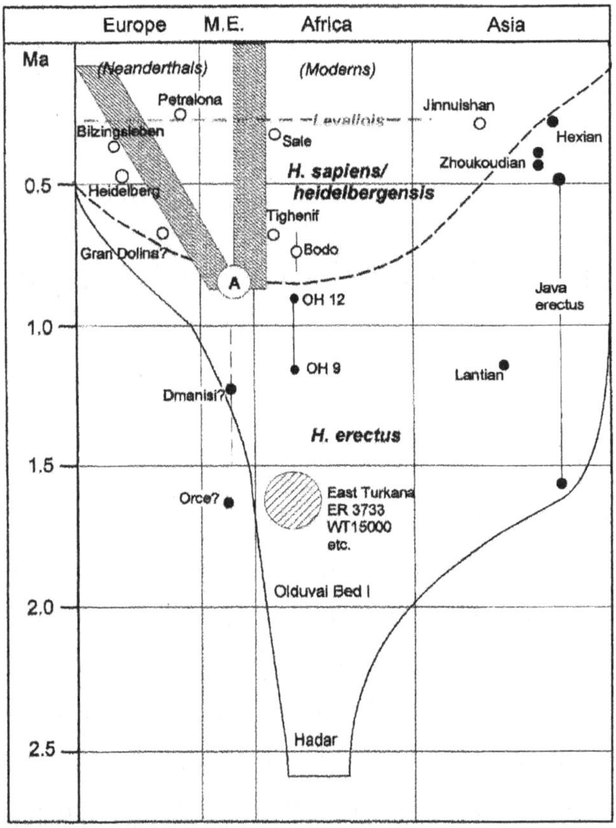

Une espèce qui échappe au destin anatomique

Ce passage d'un grand primate à un humain constitue le point essentiel et fondamental, exclusif à notre espèce. Si nous pouvions en saisir correctement le mécanisme originel, peut-être serions-nous mieux armés pour comprendre la suite de notre histoire anatomique. Car il se trouve que l'humanité se situe à la coïncidence entre le culturel et le biologique. C'est notre aptitude à parler, à concevoir, à imaginer qui guide nos comportements : ceux-là ensuite influencent nos modifications épigénétiques qui, outre leur transmission définitive, ouvrent la voie à d'autres accomplissements culturels, en perpétuel renouvellement. Les aptitudes offertes par l'apprentissage, qu'il procède par de simples regards ou par conceptualisation, ont ouvert un champ totalement illimité à une espèce qui échappa ainsi toujours davantage au déterminisme biologique. La terre entière connut alors ces vagues d'expansion faisant coévoluer les trois facteurs essentiels : le milieu naturel, l'imagination et l'adaptation anatomique. Dès ses origines, l'humanité s'est constituée par le jeu de ces trois facteurs au sein desquels la pensée a progressivement dominé l'ensemble des rapports entre ce qui est humanité et ce qui n'est pas elle.

Penché vers le sol, l'archéologue possède pour seules sources de réflexion des informations de nature matérielle mais dont la présence prouve la puissance des activités symboliques qui leur ont donné naissance (Edelman, 1992). En effet, en toute humanité, rien n'échappe au processus de décalage entre une réalité et l'idée que l'on s'en fait, même si cette réalité se modifie ou disparaît. Son symbole, lui, demeure et s'entretient, il est même à l'origine d'un enchaînement, resté théorique tout d'abord, mais d'application immédiate si le besoin s'en fait sentir.

Or les besoins eux-mêmes sont créés par les comportements : c'est ainsi que nous observons des trajectoires liant les valeurs successives entre elles au fil des millénaires et au travers d'espaces immenses. Ainsi l'Europe fut-elle colonisée depuis 1 million d'années et depuis ses marges méridionales jusqu'aux confins septentrionaux.

Une « nappe humaine », sans doute disparate, s'était déjà installée et adaptée à notre continent durant des centaines de millénaires : dans ces différents centres régionaux, elle a poursuivi les tendances qui ont, partout et toujours, transformé un singe en homme. Le redressement du corps lié à la marche bipède a enclenché en cascades des modifications anatomiques fondamentales. Elles se sont poursuivies longtemps après les premiers australopithèques, selon les mêmes voies mécaniques, et se poursuivent encore aujourd'hui sous nos yeux. Le retrait facial n'a jamais cessé, comme l'illustre constamment la perte des fonctions dentaires, par exemple.

Ainsi, entre les premiers humains dispersés à travers notre continent (« *erectus* ») et nous-mêmes se développe un processus continu, simplement marqué par des stades durant lesquels les populations ont atteint un certain accroissement démographique, dont nous pouvons encore définir les caractéristiques anatomiques particulières. Ces effets de « phases biomécaniques » successives ont pour origine la combinaison entre le physique et le spirituel. Elles ont souvent été confondues avec des concepts d'« espèces fossiles ». Pourtant, tous les peuples de la terre présentent les mêmes étapes de transformation selon les contextes où ils se sont constitués. Les hommes fossiles n'ont pas plus de raison d'être désignés comme d'autres « espèces » que les populations actuelles, sous prétexte qu'ils ne sont plus là pour revendiquer leur statut de modernes accomplis.

L'Europe, avant les Néandertaliens

Depuis 1 million d'années environ, tout le continent européen est occupé par diverses populations humaines dispersées dans l'ensemble des paysages et durant toutes les périodes (Roebroecks et Van Kolfschoten, 1995 ; Bosinski, 1967). Toutefois, devant une telle dispersion, on ne peut pas parler de populations homogènes ni spécifiquement européennes, bien que des tendances distinctes se manifestent clairement. Depuis des dizaines de milliers d'années au moins, toute l'Europe est occupée par des populations semblables à celles d'Afrique et d'Asie, globalement désignées par l'expression « *Homo erectus* ». Cette appellation archaïque a été forgée à une époque où l'on considérait que ces populations étaient les premières à se tenir debout. On sait aujourd'hui que la station redressée est beaucoup plus ancienne et que, par exemple, les australopithèques étaient déjà bipèdes il y a 4 à 5 millions d'années. Toutefois, utilisé dans sa globalité, l'usage de ce terme favorise la compréhension de ce stade évolutif, parfois désigné plus correctement comme l'ère des « archanthropiens » dans la vision évolutive biomécanique établie par André Leroi-Gourhan (1964-1965) à laquelle nous nous rattachons.

Les continents originaires (Asie, Afrique) sont vite oubliés par ces populations qui font de l'Europe leur territoire pour des centaines de millénaires. Tout porte à croire d'ailleurs qu'ils furent en fait à l'origine des Néandertaliens européens sur le double plan de l'anatomie et de la culture du fait de leurs aptitudes à l'abstraction en particulier, comme nous allons l'évoquer. L'extrême extension de ces *erectus* européens, autant dans le temps que dans l'espace, aboutit forcément à des variations d'ordre culturel, technique et biologique. Or toutes ces tendances vont s'uniformiser à partir d'environ 300 000 ans avec la constitution de la population des Néandertaliens et les acquisitions techniques moustériennes, aux fondements de notre humanité actuelle, comme nous le verrons au chapitre suivant.

Au paléolithique inférieur, soit l'ère des archanthropiens en Europe, on a affaire à une population déjà totalement humaine, qui a acquis ses aptitudes adaptatives par sa seule pensée, laquelle les différencie très largement des australopithèques antérieurs. C'est d'ailleurs sa pensée qui lui a permis de franchir les détroits, de progresser en hautes latitudes et de subsister de façon constante dans des environnements totalement nouveaux par rapport à sa région d'origine. C'est l'imagination et l'audace qui ont surtout caractérisé ces premiers hommes apparus sur notre continent. Toutefois, une énorme diversité les caractérise également, selon le moment ou la région considérée : il ne s'agissait pas encore de traditions homogènes ni stables, comme cela sera le cas pour les Néandertaliens.

Cependant, la richesse comportementale était déjà totale. Par exemple, on a découvert des traces de rituels à Atapuerca, vers 400 000 ans. Les ossements de 28 jeunes individus ont été retrouvés intacts dans un puits naturel (Sima de los Huesos), accompagnés par un seul biface aux couleurs chatoyantes, manifestement déposé intentionnellement auprès des défunts. Le site de Tautavel a livré des traces de rituels funéraires, là où les vestiges, découverts épars, ont pu être remontés et assemblés par individus. Le site de Dmanissi (Géorgie) contenait une dizaine de corps (surtout des crânes) déposés il y a 1,8 million d'années, juste aux limites de la dispersion africaine et asiatique. Divers crânes humains ont été découverts isolément, comme s'ils faisaient l'objet d'un culte particulier (Steinheim, Swanscombe, Ceprano). De plus, des bucranes de bovidés ont été retrouvés isolés en bordure des sites d'habitat, comme si cette partie de l'animal constituait le symbole ultime qu'il fallait vénérer aux fins d'intégration à la nature. Les traces d'action *post mortem* sur les crânes humains (Bilzingsleben) démontrent symétriquement les soins apportés à cette partie du corps. Cette coutume, si fréquemment attestée, est portée par des considérations religieuses dans d'innombrables populations traditionnelles d'aujourd'hui (Otte, 2018).

Les sites de ces époques montrent des concentrations de roches au sol évoquant l'existence d'abris construits : Isernia et La Polledrara en Italie, Bilzingsleben en Allemagne, Ambrona en Espagne, par exemple. La délimitation d'un espace domestique, opposé au chaos naturel, prouve l'existence de règles comportementales collectives et passées dans l'abstraction mythique : elles justifiaient la cohérence du groupe autant que sa distinction par rapport à ce qui l'entourait. Toute protection était d'abord établie dans l'esprit de la communauté, avant d'être matérialisée sur les sols aménagés.

Les foyers, témoignant dès cette époque de la maîtrise du feu, rassemblaient les communautés et garantissaient les liens sociaux autant que l'échange d'informations, comme le respect des traditions transmises dans leur chaleur et leur lumière. La maîtrise du feu, dans un environnement où il n'existe pas sous une forme naturelle, confère un pouvoir prométhéen, contre les éléments, à ses détenteurs. Sa force, à la fois physique et spirituelle, distinguait les deux mondes au profit des humains et au fil de leurs déplacements et de leur seule liberté, assumée en pleine conscience.

L'usage du langage ne fait aucun doute déjà, devant la subtilité des concepts qu'il a fallu maîtriser et véhiculer durant de si longues périodes.

La chasse étendue à tous les grands herbivores est alors attestée ; elle implique la prédiction, l'organisation et le partage des ressources (figure 2). Il a donc fallu assumer la mise à mort d'animaux très proches de nous, par leur chaleur, leur comportement et leur sang versé. Dès les origines (sûrement antérieures à l'Europe), il s'est agi d'un échange plutôt que d'une prise de pouvoir : la vie passait du chassé au chasseur dans un acte qui était tout sauf anodin, dans une pensée déjà mythique. La pensée mythique permettait de dominer la réalité par l'abstraction conceptuelle, bien antérieure à tout acte matériel. Elle exigeait la solidarité, le partage des valeurs et la cohésion qui en résulte dans une expression abstraite, sous forme de récits verbaux.

Figure 2. Amas d'ossements

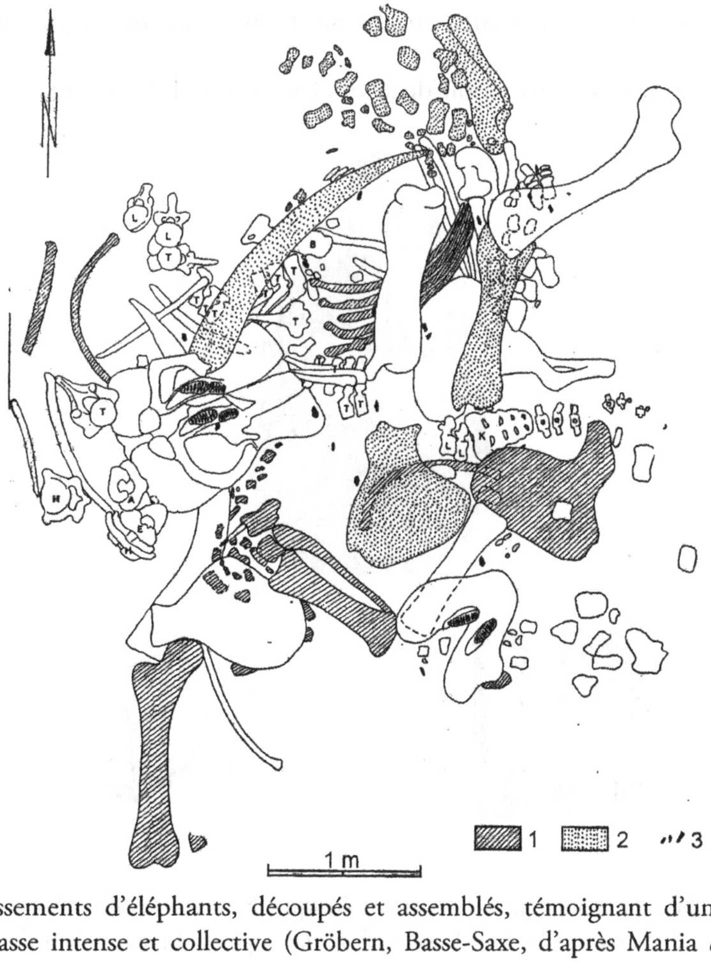

Ossements d'éléphants, découpés et assemblés, témoignant d'une chasse intense et collective (Gröbern, Basse-Saxe, d'après Mania *et al.*, 1990).

Sur le plan des techniques, le plus impressionnant réside dans l'usage généralisé du bois pour le façonnement des outils et des armes. Des sagaies entières ont par exemple été découvertes à Schöningen (Saxe) dès 380 000 ans, en parfait état de fonctionnement. Sur les outils en pierre on peut relever les microtraces laissées par les contacts avec les matières végétales, tel un héritage des pays tropicaux d'où ces populations provenaient ultimement (figure 3).

Figure 3. Association de symboles au paléolithique ancien

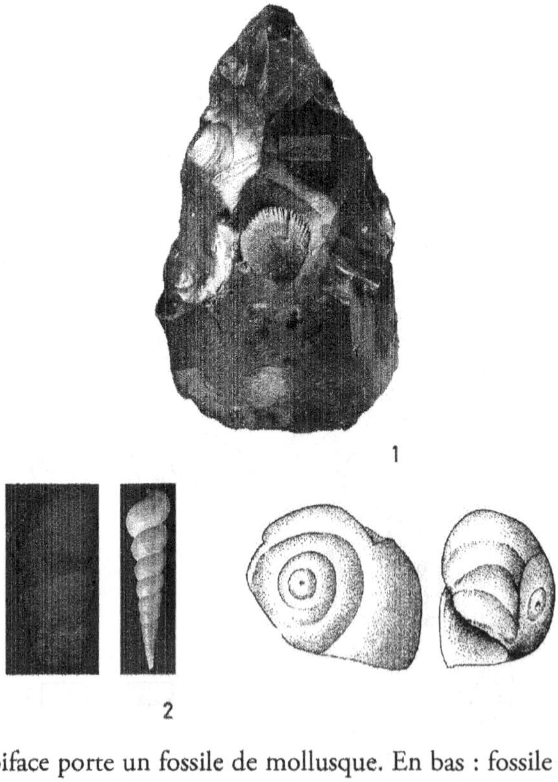

1 2 3

1. Le biface porte un fossile de mollusque. En bas : fossile d'Arcy (2), et de Warwasi (3). L'utilisation des bifaces passe du symbole à l'outil employé par exemple pour la récolte et le traitement des plantes.

Si l'on s'en tient à la partie en pierre des outils retrouvés (l'essentiel devait être en bois), on observe deux phases principales dans leur développement, clairement liées aux axes migratoires primordiaux (figure 4). Pour la phase ancienne (avant 600 000 ans), on trouve des éclats de pierre tranchants et des masses globulaires également affûtées par des coups tangentiels. Si l'on se rapporte aux aires asiatiques ou africaines, ces techniques rudimentaires correspondent aux premiers stades de l'évolution des méthodes de production des outils, en décalage complet par rapport aux innovations ultérieures, clairement plus récentes en Europe. Elles témoignent donc d'une sorte de conservatisme des populations qui avaient choisi de migrer en Europe en maintenant leurs modes de vie originels adaptés aux aires boisées.

Le temps des Néandertaliens

Bientôt, de nouvelles vagues d'expansion humaine apparaissent au sein desquelles se distinguent les traditions asiatiques et africaines. Tout l'ouest de notre continent va être envahi, à partir du sud (Gibraltar et Sicile) par les porteurs des traditions dites « acheuléennes », caractérisées par des pièces en pierre infiniment plus raffinées qu'auparavant sans que leurs fonctions essentielles soient clairement définies. Leur élégante symétrie semble recherchée comme une performance, voire déjà comme une identification culturelle. Cette recherche de la beauté plastique,

Figure 4. Outils

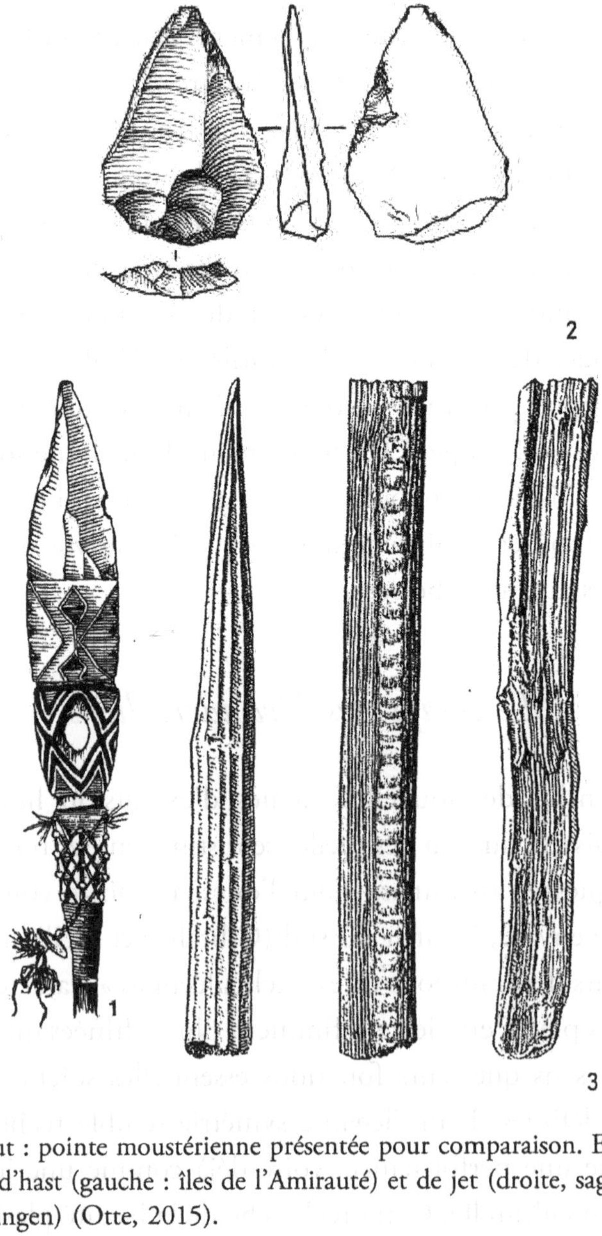

En haut : pointe moustérienne présentée pour comparaison. En bas : armes d'hast (gauche : îles de l'Amirauté) et de jet (droite, sagaies de Schöningen) (Otte, 2015).

typiquement africaine (en Afrique elle remonte à 1,4 million d'années), ne dépasse pas l'ouest de notre continent (bassin du Rhin) et prouve ainsi ses modes migratoires par les réseaux des détroits méridionaux. Inversement, l'ensemble oriental de notre continent poursuit les traditions asiatiques originelles, privilégiant les équipements en matières végétales.

Les rituels se manifestent autant dans ces régions par les ossements humains découpés ou striés (Bilzingsleben) que par la conservation de squelettes humains entiers. Ces restes, soigneusement arrangés, étaient disposés à l'intérieur de grandes structures ovales dessinées sur le sol, avec les vestiges de pierres et d'ossements. Les foyers centraux mettaient en évidence l'importance des rapports sociaux, déjà structurés à plus de 380 000 ans. C'est en de tels lieux que les valeurs de ces groupes humains étaient enseignées et transmises afin de maintenir l'harmonie entre la nature et les hommes. Cette relation reste identique structurellement mais comporte d'infinies variations pour distinguer, déjà, le bien du mal, le souhaitable de l'interdit. Les sociétés humaines fonctionnent tels des défis, jamais au gré des contraintes naturelles.

Nous avons donc bien affaire à un croisement de deux vagues migratoires d'origines totalement différentes qui se superposent d'abord, puis s'opposent dans un second temps. La maturation de l'humanité s'est effectuée ailleurs qu'en Europe mais selon des voies analogues : seules les coutumes, c'est-à-dire les façons de faire, avaient évolué indépendamment. Les aptitudes, elles, furent le produit de convergences entre les contraintes et l'imagination des premiers hommes : les solutions adaptatives n'étaient pas sans limite mais elles s'expriment seulement dans les nuances stylistiques. Toutefois, cette superposition est fondamentale pour l'histoire du continent européen car les flux migratoires d'origine externe ont fini par diminuer par rapport au taux de reproduction interne que les populations locales avaient atteint entre-temps.

En d'autres termes, c'est par leur isolement continental et leur capacité adaptative que les Néandertaliens se sont finalement constitués en une seule population homogène dont le rythme démographique a en définitive dépassé celui des flux d'origines extérieures. L'Europe fut alors comme un « bassin d'idées et de peuples » qui se sont constitué un si nouveau destin qu'ils purent surmonter toutes les nouvelles contraintes ultérieures, se former des systèmes de valeurs inédits et originaux, de telle sorte que nous pouvons encore les définir, les reconnaître et les comprendre même des dizaines de millénaires après leur disparition.

Une population devenue homogène

L'ensemble de facteurs, issus des *Homo erectus*, engendre une population homogène à travers toute l'Europe et aux caractères si spécifiques que ses membres peuvent être reconnus jusque dans les marges asiatiques où ils vont migrer. La masse cervicale est énorme (1 500 centimètres cubes) mais surtout répartie à l'arrière et sur les côtés du crâne. La face est prognathe et massive, les sinus sont très développés. Il existe donc un équilibre nouveau entre l'avant et l'arrière du crâne dont l'axe central passe des molaires vers les arcades sourcilières. Celles-ci sont d'autant plus saillantes qu'elles servent d'appui général à toute la mécanique afin de maintenir cette masse osseuse et musculaire en équilibre sur une station verticale, acquise depuis des millions d'années (Leroi-Gourhan, 1983).

La morphologie des Néandertaliens est reconnaissable entre toutes : elle ne fait que prolonger les tendances des archanthropiens en les allégeant selon une trajectoire biomécanique enclenchée depuis les australopithèques. Simplement, l'isolement géographique du territoire européen en a accéléré le processus en l'accentuant. La diminution relative des apports démographiques externes a provoqué une spécialisation typiquement européenne en hautes latitudes sur le modèle des Inuits postérieurs et étendue en longitude depuis l'Atlantique jusqu'à l'Oural, voire au-delà. Dans cette unité anatomique, de faibles variations se manifestent, par exemple entre les zones centrales, méridionales et orientales de l'Europe, distribuées en unités territoriales gigantesques et sans doute liées aux aires de répartition climatique. L'évolution morphologique tend aussi à s'alléger au fil des centaines de millénaires, attestant la suite des tendances originelles déjà amorcées dès les phases archaïques extérieures à l'Europe. Toutefois, les variations corporelles de l'ensemble de la silhouette néandertalienne, bien que très robuste, ne s'écartaient pas davantage qu'entre les populations actuelles réparties sur le globe. Partout, la même espèce biologique s'est adaptée aux différentes conditions géographiques locales mais sans jamais franchir les limites spécifiques comme les innombrables métis actuels le démontrent amplement.

Répartition géographique

Contrairement à l'unité anatomique, les variations culturelles divisent le continent en plusieurs grandes régions. Elles se distinguent par des effets stylistiques marqués de façon discrète sur les outils de pierre, tels les processus d'emmanchement ou d'utilisation, les modes de préparation et d'affûtage. L'ensemble pourtant est façonné à partir d'éclats extraits de blocs massifs, mais dont la légèreté ainsi acquise avait autorisé de longs déplacements. L'essentiel de ces outils permet de retracer les limites des territoires culturels d'où les matériaux avaient été emportés. Ainsi, des réseaux régionaux associent des méthodes techniques aux paysages d'où les matières proviennent. Ces cartes ainsi restituées évoquent celles connues pour les tribus amérindiennes, à la fois définies par les limites linguistiques et les modes de fabrication des armes et des outils (Bodmer, 1843-1844). Les cartes de répartition des traditions néandertaliennes manifestent des affinités régionales beaucoup plus courtes que celles que l'on connaîtra, sur le même territoire, durant l'ère des hommes modernes

(« paléolithique supérieur »). Les distances parcourues par les Néandertaliens étaient donc plus limitées et les entités ethniques d'autant plus fortes que durant les périodes ultérieures (Féblot-Augustins, 1997).

De la même manière, si les cartes d'ethnographie américaine ne correspondent qu'au moment de l'observation où elles furent faites, celles des civilisations néandertaliennes recouvrent d'immenses périodes, durant lesquelles des mouvements peuvent être décelés d'une région à l'autre de l'Europe. C'est ainsi que ces cartes reconstituées présentent le double aspect d'une définition régionale rigoureuse durant des dizaines de millénaires, puis des mouvements latéraux durant lesquels les unités ethniques se recouvrent, au moins provisoirement, et offrent un aperçu véritablement « historique » de notre continent dans ses plus anciennes périodes. Nous en illustrerons quelques exemples plus loin. D'emblée, remarquons l'extrême extension de ces unités ethniques puisqu'elles s'étendent à travers toute l'Anatolie, le Levant et la partie occidentale de la Sibérie. Là aussi des populations néandertaliennes ont été découvertes. Il existe donc bien, dès 300 000 ans, une étroite corrélation entre les populations et les traditions techniques, compte tenu des variations, évoquées plus loin, liées aux modes d'approvisionnement en matières premières et aux variations stylistiques, comme en Europe (Gabori, 1976).

Économie matérielle

Pour l'essentiel, les vestiges matériels conservés dans les ensembles néandertaliens furent réalisés en pierres, souvent cassantes et tranchantes à la fracture, leur donnant une efficacité systématique dans le traitement des matières organiques (végétales et animales), dont pourtant les traces indirectes, laissées sur les outils de pierre, prouvent l'importance réelle : activités de boucherie, réalisation d'outils en bois. L'environnement naturel permettait d'ailleurs de récolter, en abondance et à moindre effort, comme pour les végétaux, toutes les sortes de variétés de bois. Comme les vestiges de pierres (« lithiques ») ont été très bien conservés, ils firent l'objet d'études très approfondies dès le début de la préhistoire qu'ils contribuèrent à définir (Geneste, 1985). Outre leurs qualités techniques, les roches possèdent une caractéristique fondamentale, à l'origine de toute trace d'activité et de comportement fossile : à la moindre percussion, elles perdent de leur masse, partagée entre les divers débris obtenus. Étalées dans l'espace à mesure de leur « réduction », ces roches diminuaient aussi de volume et peuvent nous indiquer les cheminements de ces activités autant que leurs éventuelles fonctions. Des « cartes de répartition » sont alors établies en reliant les points d'abandon des roches aux sources naturelles d'où elles proviennent. Les relations entre les outils, leurs déchets et les distances parcourues reconstituent une véritable « géographie économique » où se mêlent les comportements, les activités, les déplacements et les origines géologiques des matériaux. Ces cartes dynamiques varient avec les traditions, les fonctions et les périodes, d'autant plus souplement que chaque point d'abandon des roches peut servir ensuite de nouveau point de départ pour de nouvelles « chaînes techniques » emboîtées les unes dans les autres.

L'importance prise par l'usage des roches au paléolithique s'accentue du fait de la variété de leurs caractéristiques techniques, plus ou moins appropriées à la taille par percussion, mais aussi plus ou moins élégantes dans leur présentation (figure 5). On observe dès lors des croisements de réseaux selon les aptitudes à la taille et la finesse du grain, qui favorise ou restreint l'élaboration des formes et des détails d'outils taillés. En schématisant ce phénomène, on peut établir une corrélation entre l'élaboration technique et les caractères de la roche, de telle sorte que les outils les plus élaborés sont souvent réalisés dans les silex à grain fin, et c'est l'inverse pour les outils plus rudimentaires. Toutefois, comme la disponibilité de telles roches n'est pas la même sur l'ensemble d'un territoire culturel, des réseaux lient des sources, parfois lointaines, aux sites où les outils furent finalement abandonnés (Bonjean et Otte, 2004, Otte, 1991 ; figure 6).

Figure 5. Roches utilisées en Belgique paléolithique avec leurs affleurements (Otte, 2001)

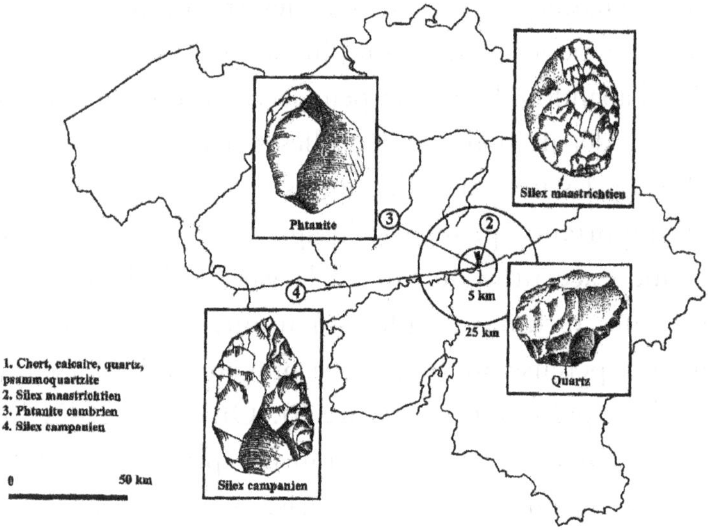

Figure 6. Répartition roches et outils

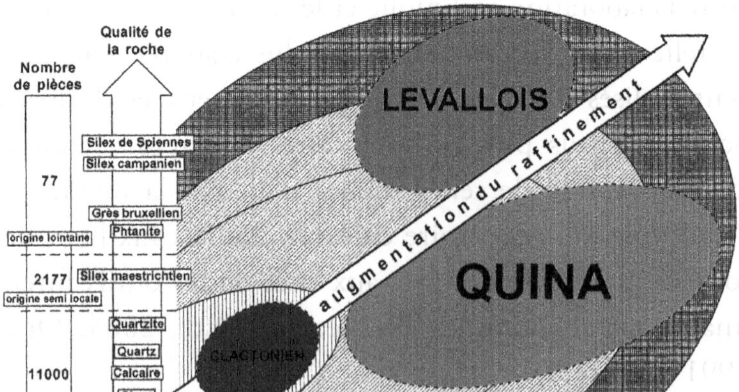

Sont ici illustrées les relations entre la qualité des roches, leur éloignement et l'élaboration des techniques. Celles-ci forment donc le reflet de choix dans les paysages en lien avec les besoins ultérieurs (Bonjean et Otte, 2004).

Ces variations de la roche, de la distance et du style ont créé ce qui fut dénommé « faciès » par les écoles françaises, synonyme de « catégories formelles », mais sans valeur traditionnelle (ce sera développé plus loin). Il en résulte que, dans un même emplacement, rigoureusement homogène, de tels « faciès » peuvent être représentés selon les aléas des déplacements antérieurs des roches successivement transformées au cours de leurs déplacements. Les plus éloignées possédant un aspect plus soigné du fait de la qualité particulière de leur matériau ont abouti aux sites dans leur état le plus élaboré ; l'inverse est vrai pour les roches d'origines plus ou moins régionales dont l'aspect fruste provient uniquement des critères mécaniques, éventuellement rudimentaires, des roches locales. De telles variations techniques sont donc tout d'abord fondées sur les relations aux paysages, à la disponibilité des matériaux et aux pérégrinations suivies par chaque objet avant qu'il soit abandonné sur le site où il fut découvert. Cette économie des matières premières, surtout lithiques, constitue l'une des clefs du comportement des Néandertaliens. Elle compose des « paysages culturels » aussi pertinents que les réseaux économiques restitués pour les périodes historiques, par exemple pour les céramiques, les métaux ou les œuvres d'art.

CHAPITRE 2

Techniques et production d'outils

La gestion des roches

Les roches dures et cassantes (famille des silex) furent exploitées par les Néandertaliens avec une intensité et une maîtrise inégalées dans toute la préhistoire (Boëda et Geneste, 1999). Des techniques très élaborées furent mises en œuvre afin de prévoir la forme des supports d'outils dès avant l'extraction hors du bloc initial. Ces opérations complexes démontrent l'aptitude intellectuelle dont étaient pourvus les Néandertaliens. Elles impliquaient habileté autant que capacité de prévision des besoins futurs à l'occasion des déplacements.

Ces méthodes incluent les procédés de mise en forme du bloc selon des phases techniques, successives et coordonnées, distribuées ensuite dans l'espace selon les activités. Aux différents emplacements qui se succèdent d'autres méthodes techniques prennent le relais, en modifiant les pièces-supports au rythme de leur utilisation. On observe alors les effets dus à l'emmanchement, à l'usage et à la réfection des outils au fil du temps. Des centaines d'études ont été consacrées à ces infinies variations, dont on cherche à comprendre les significations, imbriquées les unes dans les autres selon des modèles très complexes (Rolland et Dibble, 1990). La littérature scientifique parle de « chaînes opératoires » ou de « processus de réduction » car le support perd de sa masse à chaque opération. Par exemple, on remarque une opposition entre les sites de plein-air proches des affleurements de silex (abondance de grands supports soignés) et les sites d'habitat en abris ou sous roche dont les outils ont connu une longue vie d'utilisation, de réaffûtages, d'emmanchements et de réfections. Les activités menées sur place se manifestent à travers les séquences gestuelles conservées lors de l'abandon des outils : ils portent les stigmates de leurs transformations.

La technique Levallois était si élaborée qu'elle permettait de produire une grande variété de formes, conçues dans le bloc de matière première, et ce bien avant leur extraction. Les formes laminaires, ovalaires ou pointues étaient conçues en amont de leur utilisation comme supports d'outils. Au fil des opérations de mise en forme, les pièces-supports prennent une allure beaucoup plus épaisse que les pièces de départ. Elles exigent une force de préparation toujours plus intense à mesure que le support se rétrécit et s'épaissit. Les bords retouchés portent alors des aspects « en écailles », faites de retouches profondes : on bascule dans ce qui fut dénommé

« Quina » ou « Charentien », selon les régions où cet aspect fut dominant, loin des sources de matières premières favorables à une taille régulière. Les retouches et mises en forme s'accentuent à mesure de cet éloignement et en tenant compte des disponibilités de la roche, de l'intensité de son utilisation et des activités menées sur le même site. Ainsi, ces ensembles techniques peuvent varier au fil du temps et dans le même site d'habitat et donner l'illusion de différences traditionnelles alors qu'il s'agit uniquement d'une combinaison de facteurs occasionnels d'une très grande diversité.

Le bois

Fatalement peu représenté car très rarement conservé, le bois a été la matière la plus importante dans la technologie néandertalienne. De rares situations idéales ont montré la perfection des armes à lance, comme à Schöningen (Allemagne centrale) : plusieurs sagaies intactes sont soigneusement équilibrées afin d'en assurer la balistique. Dans les marges de la mer Adriatique, une pointe en bois a été exhumée des basses eaux sur le rivage de Slovénie ; une datation ^{14}C a indiqué qu'elle remontait à 43 000 ans, soit l'ère néandertalienne. Dans l'immense majorité des sites paléolithiques, les matières organiques végétales ne sont représentées que de manière indirecte à travers les microtraces laissées sur les bords tranchants des outils réalisés en pierre et utilisés avec force et pendant une certaine durée. Elles sont dans leur grande majorité dues aux actions sur le bois : découper, racler, scier. Une panoplie d'objets, domestiques ou de chasse, étaient donc conçus et fabriqués en abondance dans de tels contextes (Beyrie, à Biache dans Tuffreau et Sommé, 1988). En outre, les matières végétales ont été largement utilisées dans les modes d'emmanchement, de telle sorte que nous pouvons reconstituer les gestes réellement effectués, selon l'angle formé avec l'extrémité dure faite en pierre. La force d'usage a pu être à la fois augmentée et orientée avec précision. Les matières végétales restituées viennent compléter l'outil et permettent de retrouver les gestes qu'il autorise.

Les manches

Comme on vient de le voir, la tracéologie indique l'importance des procédés d'emmanchement qui modifient la possibilité des gestes. En ethnologie, ces procédés sont à ce point importants que la partie en pierre des outils est presque dissimulée sous la partie organique. L'outil complet est en fait essentiellement formé par le manche en matières végétales. Les racloirs éthiopiens sont massifs mais la partie tranchante est limitée à une extrémité très réduite, juste en contact avec la matière travaillée. Les propulseurs australiens, faits de longues tiges en bois, ne portent qu'une petite extrémité avec une lame de pierre. Parallèlement, les plus belles armes sont dotées d'une valeur symbolique majoritaire et exclusive. La lame ou la pointe de pierre est mise en valeur par le manche qui en révèle le caractère ostensiblement esthétique. Les pointes Levallois, très élégantes et très soignées, sont identiques aux pointes des îles de l'Amirauté, soigneusement emmanchées, fichées au sommet de hampes par des assemblages d'attache qui combinent les colles végétales très décorées et le système d'emmanchement. L'outil devient « beau » et sert plutôt de symbole social que d'objet utilitaire.

L'usage des matières osseuses

L'absence quasi totale d'outils ou d'armes en matières osseuses est tout à fait remarquable à l'ère néandertalienne. Durant des centaines de millénaires, apparemment aucun Néandertalien n'a utilisé les matériaux durs d'origine animale, pourtant extrêmement abondants sur leurs sites d'habitat et de pratique totalement générale et systématique pendant les autres périodes de la préhistoire européenne. L'os, les bois de cervidés et l'ivoire issu des défenses de mammouths constituent en effet l'essentiel des matériaux disponibles dans les steppes froides pléistocènes, très souvent dépourvues de bois végétal : les arbres y sont rares et précieux ; le recours aux matières osseuses y est donc aussi naturel que fréquent, sans compter qu'elles sont légères et solides.

Or presque aucune trace n'en atteste l'usage par les Néandertaliens durant deux cent mille ans. De rares vestiges exceptionnels soulèvent donc un doute quant à leur attribution (quelques fragments médians de pièces travaillées en pleine Sibérie). Par contre, de gros fragments osseux ont été plus fréquemment utilisés comme percuteurs dormants : afin de retoucher des pièces lithiques épaisses, et leur donner un profil en écailles très particulier (« retouches Quina »).

On peut s'interroger sans fin sur cette si curieuse absence de matières osseuses dans la panoplie des armes néandertaliennes. Selon nous, elle ne peut qu'être due à des raisons idéologiques guidées par le respect de la tradition et des systèmes de valeurs. Tout se passe en effet comme si les peuples néandertaliens entretenaient une métaphysique harmonieuse avec les autres espèces vivantes, comme s'ils y voyaient des reflets d'eux-mêmes. Il leur paraîtrait donc dangereux autant que sacrilège de tuer un gibier avec les éléments qui le constituaient durant sa vie. Ce serait rompre l'équilibre installé avec le monde vivant, et donc mettre sa propre existence en péril.

Cette manière de voir les choses correspond d'ailleurs assez bien à la fois à la chasse sélective (on abat un gibier désigné par des valeurs sacrées) et aux sépultures (qui associent les trophées animaux au destin humain). Le rejet des matières d'origine animale pour la confection d'armes de chasse équivaut à un témoignage de cette religiosité, partout attestée chez les Néandertaliens, et qui expliquerait leur extrême longévité. Ce « modèle » fut naturellement abandonné dès les périodes ultérieures, lorsque l'emprise de l'homme brisa ces limites métaphysiques de respect mutuel, et c'est sans doute la raison pour laquelle l'équilibre naturel s'est ultérieurement rompu de façon toujours plus importante, en faveur de l'absolue et exclusive puissance humaine, dans un cercle autodestructeur où nous sommes encore enfermés.

Les armes

Dans les sites dont le milieu chimique fut favorable à la conservation des matières organiques, on a retrouvé des sagaies entières faites en bois (Schöningen), mais aussi des pointes fragmentées de sagaies, durcies au feu, tailladées et soigneusement affûtées ou des traces fossiles laissées dans la brèche (Romani). Ces traces d'utilisation sur les outils de pierre confirment l'importance prise par les outils et les armes en bois dont les vestiges sont rarissimes, mais qui étaient très logiquement la norme dans l'équipement de ces peuples prédateurs. Les traces de fractures sur les ossements animaux ont permis de montrer la force de ces sagaies, lancées à la main ou enfoncées directement dans la proie (« armes d'hast »). Dans ces situations, la force et le poids du chasseur s'ajoutent à la charge des animaux qui viennent s'y empaler dans leur combat. Cette mise à mort possède donc davantage une fonction mythique et sociale qu'alimentaire, telles nos corridas actuelles.

En ce qui concerne les pointes en pierre, les débats furent très controversés car leur épaisseur les rendait difficilement compatibles avec l'emmanchement de leur base à l'extrémité d'une hampe (figure 7). Pourtant, les études de tracéologie (micro-usures latérales) ont prouvé que certaines de ces pointes (« Levallois ») en pierre avaient été fichées au sommet de hampes en bois, puis utilisées comme armes de chasse. On observe même des pointes intensément travaillées, retouchées et mises en forme sur leurs deux faces, et qui pourtant furent occasionnellement utilisées comme pointes de sagaies, sur la base des traces d'utilisation et des cassures dues aux impacts de la chair et des ossements. Certaines pointes étaient encore fichées dans les squelettes des gibiers abattus.

Figure 7. Bâton à lancer d'Australie (à gauche) comparé aux fûts de sagaies de Schöningen (à droite ; Thieme, 2007)

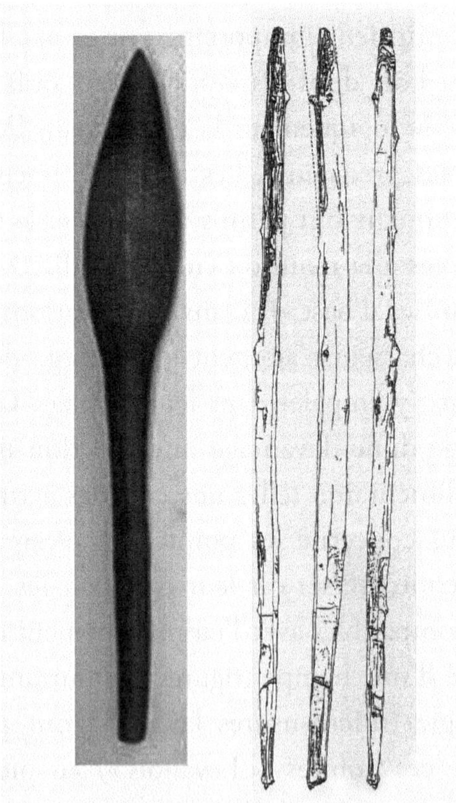

Les armes ne sont pas toujours lancées pointe en avant, elles peuvent aussi entraver la course dans un jet tournoyant.

L'équipement balistique ne posait donc aucun problème dans le domaine technique mais il impliquait une coordination et une motivation du groupe afin d'organiser la battue et la mise à mort de proies parfois énormes, comme les bovidés, les rhinocéros et les mammouths. Certaines de ces pointes furent aussi occasionnellement utilisées pour découper les carcasses sur le lieu de consommation : des règles sociales de partage devaient régir ces procédés de distribution, équivalents aux règles gouvernant le choix des individus, chasseurs autant que chassés. Toute peuplade actuelle comporte de telles règles sociales et la mise à mort ou le choix du gibier sont soumis à la loi du groupe, jusqu'à définir quel individu animal devra être abattu parmi les meutes alentour. En fait, le prélèvement de la vie animale procède, tel un sacrifice, d'un échange entre elle et la nôtre. Le profond sentiment d'appartenir à la nature forçait à la réalisation de rituels préalables à de tels « sacrifices » qui ne pouvaient jamais rester aléatoires ni occasionnels. Dès les Néandertaliens, des choix sont posés quant aux règles de chasse, car la survie du groupe, en milieu sauvage, dépendait de l'harmonie à respecter entre les vies naturelles et la vie humaine.

Les études paléontologiques actuelles permettent de déterminer quels furent ces choix, jamais faits au hasard, posés sur la nature animale vivante dans laquelle baigne toute notre existence. Par exemple, on peut observer des sites à spécialisation faunique : chevaux, bovidés, aurochs, chevreuils. On observe aussi la répartition dans le paysage des activités de découpe, de boucherie et de partage. Ces opérations ont laissé des traces au travers des restes anatomiques du gibier et par la façon dont elles ont été menées sur les ossements (Patou-Mathis, 2009).

Si l'archéologie a longtemps eu tendance à exagérer la part de la chasse au paléolithique c'est à cause de cette notion d'archaïsme qui entoure les périodes anciennes de l'humanité, durant lesquelles l'homme primitif « devait » être exclusivement un chasseur. Cette prédétermination comportementale rétroactive ne faisait que refléter l'esprit de l'époque où elle fut conçue, jamais la réalité matérielle exprimée dans les faits. Par ailleurs, les restes osseux animaux ont constitué tout d'abord les principales évidences dans les sites d'habitat paléolithiques. Pourtant, tous les récits ethnographiques prouvent que l'essentiel des calories consommées sont d'origine végétale – les activités de chasse étant laissées aux seuls domaines rituels, un peu comme on considère la corrida aujourd'hui, en dehors de toute recherche alimentaire. Les femmes et les enfants participent bien davantage à l'alimentation réelle par les récoltes de fruits, de racines, d'œufs ou par le piégeage de petits animaux (Sahlins, 1972 ; Lee et DeVore, 1968).

La typologie des outils

Les outils façonnés par les populations néandertaliennes nous sont surtout accessibles par leur partie en pierre, qui est la seule à avoir subsisté. Les formes d'outils complets peuvent être abordées de façon expérimentale et hypothétique, à partir des traces d'utilisation ou par analogie ethnographique, ou, dans des cas exceptionnels, quand ils sont complets, conservés intacts (Königsaue, Mania et Toepfer, 1973). C'était pourtant ainsi, sous forme emmanchée, que les objets étaient conçus et utilisés, nous y reviendrons brièvement. Mais l'immense majorité des objets en pierre abondamment conservés possèdent eux aussi des variations significatives quant aux pensées, aux styles et aux usages : ils forment donc la base de toute approche des activités néandertaliennes. Des traces de manches sont observées dans les différences de patine ou dans les limites des zones usées (figure 8).

Le regard actuel y décèlera des jeux de formes combinés aux procédés techniques mis en œuvre pour les obtenir. Dans les études des outils, la notion de « type » est désormais utilisée de façon assez neutre, au seul titre des variations formelles, étalées dans l'espace et dans le temps mais sans grande ambition significative précise. Les « types » doivent être regardés comme des catégories ou des « taxons », à vocation neutre, sinon classificatoire. Les ambitions des premiers chercheurs étaient allées au-delà. Ainsi la nomenclature est-elle, aujourd'hui encore, chargée des interprétations fonctionnelles originelles, qui d'ailleurs ne sont pas toutes nécessairement fausses, à condition de les considérer pour ce qu'elles sont devenues : des souvenirs des premiers contacts avec un si lointain passé. Notre typologie actuelle résulte d'une combinaison de désignations formelles (pointes), d'usages supposés (racloirs) ou de particularités secondaires (denticulés).

Figure 8. Comparaisons

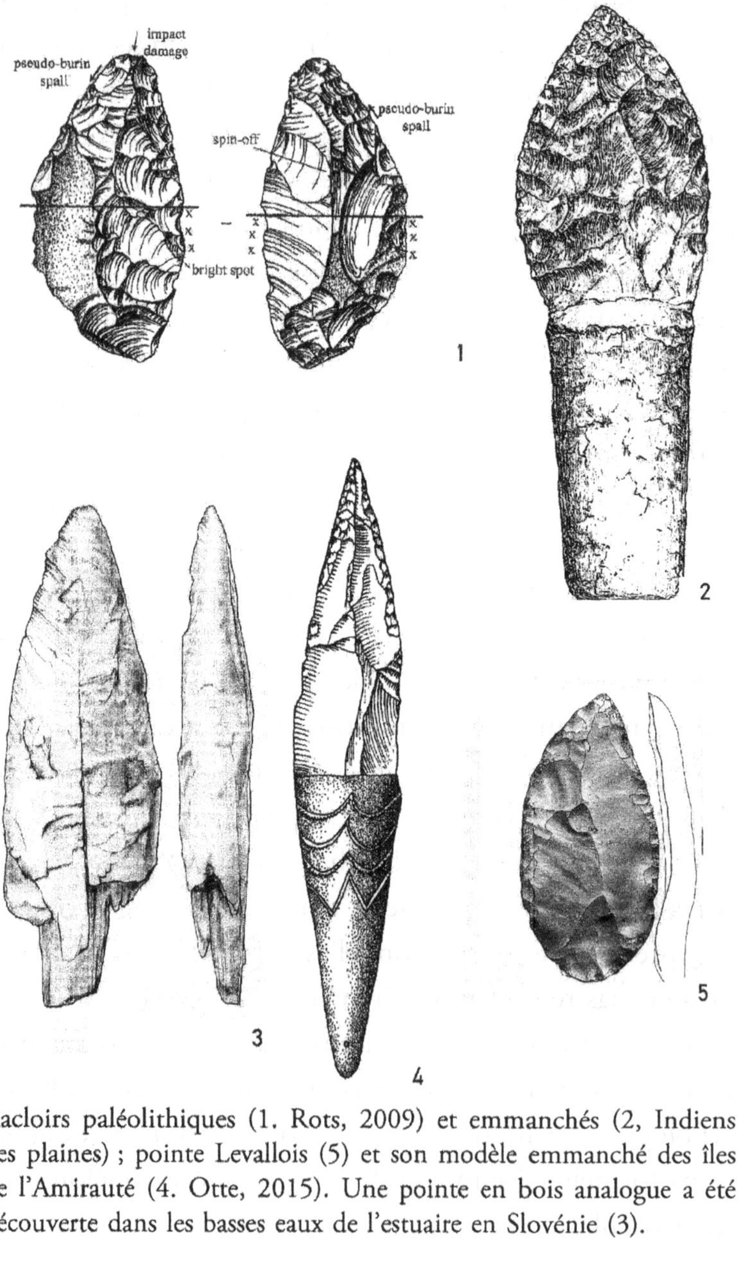

Racloirs paléolithiques (1. Rots, 2009) et emmanchés (2, Indiens des plaines) ; pointe Levallois (5) et son modèle emmanché des îles de l'Amirauté (4. Otte, 2015). Une pointe en bois analogue a été découverte dans les basses eaux de l'estuaire en Slovénie (3).

En dépit de ces restrictions méthodologiques, le simple bon sens autorise à distinguer des classes et leurs variations : ces catégories agissent comme des guides dans l'intelligence de ces masses de pierre taillées, parfois découvertes en très grand nombre dans les sites néandertaliens. La notion de « type » démarre alors par la délimitation de ce qui fut conçu et mis en forme, par opposition aux déchets produits par ces opérations antérieures à l'usage. On oppose donc l'outillage proprement dit à ses déchets ; mais chacune de ces deux vastes catégories contient elle aussi divers « types » autonomes et clairement exprimés. La classe des « déchets » comprend essentiellement les blocs (« nucléus ») et les enlèvements (lames et éclats). La classe des outils mis en forme présente les types suivants : pointe, racloir, couteau, denticulé, biface. À partir de la gamme réduite de ces jeux formels, une infinité de variations secondaires ont été distinguées, propres aux régions, aux fonctions, aux traditions et à la chronologie. Nous les présenterons dans les chapitres suivants.

Les styles formels

Cette notion fondamentale est pourtant souvent écartée des analyses qui se veulent rigoureuses, comme si elle présentait des aspects subjectifs et aléatoires. Il s'agit cependant du plus sûr témoignage quant à l'existence de traditions culturelles au travers de l'immense durée des temps néandertaliens en Eurasie. Ces variations formelles secondaires, greffées sur des concepts par ailleurs communs et généraux, combinent les modes d'activités aux valeurs véhiculées par chaque population, peut-être inconscientes, mais d'une extrême importance à nos yeux car elles manifestent des catégories ethniques davantage que fonctionnelles. L'« histoire » des civilisations néandertaliennes peut être approchée par cette voie, autant que les échanges ethniques et les mouvements de peuples, durant cette si longue période. D'un outil à l'autre, la marque stylistique reste en effet identique, dans les procédés de mise en forme ou dans des aspects secondaires liés aux systèmes d'emmanchement, par exemple. Les styles techniques ont partout caractérisé les solutions élaborées par un peuple pour se définir, se reconnaître et se distinguer par rapport aux autres peuples.

Les fonctions

Emmanchés ou non, les outils et les armes paléolithiques ont été conçus, fabriqués et utilisés dans l'ensemble des activités techniques et religieuses. Leur morphologie permet d'approcher leurs éventuelles fonctions originelles : toute action ne peut s'effectuer avec n'importe quelle forme. Mais les aptitudes à privilégier une option, démontrées par la grande efficacité des analyses fonctionnelles, réduisent le champ des possibles à de quasi-certitudes. Toutefois, l'évidence suggère une large variabilité des rapports entre formes et fonctions. Des pièces très élaborées ont parfois reçu des fonctions tout à fait inattendues au seul titre de symboles tels de « beaux outils » choisis pour accompagner le défunt. Parallèlement, de simples éclats d'apparence informe ont pu recevoir et assumer de nombreux usages variés Leurs bords bruts se prêtaient spontanément à la découpe, aux raclages, aux pointes d'hast.

La relation entre usages et formes reste encore très lâche, comme si la pensée néandertalienne concevait également une certaine souplesse et une grande liberté dans l'utilisation des produits taillés. En réalité, l'image qui se dégage de cette confrontation forme-usage apparaît comme la combinaison de deux gammes de performances : celle appliquée à la mise en forme, éventuellement longue et compliquée, et celle relative aux fonctions rendues obligatoires par les modes de vie. Les deux enchaînements de pensées et d'actions ne sont pas nécessairement imbriqués dès le départ : ils se rencontrent le cas échéant à mesure du déploiement des performances, soit de l'artisan sur la pierre, soit de celui occupé à son utilisation. En d'autres termes, il est possible d'imaginer des spécialistes pour la mise en forme d'objets élaborés et des utilisateurs qui vont mettre en œuvre des actions aléatoires rencontrées au fil des besoins techniques, éventuellement très éloignés de ces centres de production. Cette distinction entre performances et activités justifie pour une large part ce que les archéologues ont dénommé les « faciès » des industries des Néandertaliens. Ce concept, fondé sur des variations réputées « neutres », soit uniquement descriptives, a pourtant souvent été interprété comme une véritable variable de nature traditionnelle. Nous n'en pensons rien. Nous nous efforcerons de présenter les variations de ces faciès au fil des évocations régionales où elles apparaissent avec plus de netteté, dès que des contextes géographiques distincts se trouvent confrontés.

CHAPITRE 3

Économie alimentaire des Néandertaliens

Comme la plupart des populations prédatrices actuelles, les Néandertaliens s'alimentaient principalement *via* les ressources végétales récoltées et traitées. Des traces minuscules de ces végétaux sont restées incluses dans les tartres dentaires : on peut même y observer qu'elles furent « cuisinées » car cuites avant consommation. Des broyeurs de végétaux portent d'évidentes traces de préparation, selon les stries et les écrasements dont les graines firent l'objet. L'abondance de la nourriture végétale directement accessible varie bien entendu selon les conditions climatiques et l'environnement. Selon l'ethnologie, elle augmente sous les latitudes méridionales (Lee et DeVore, 1968). Durant le paléolithique européen, ces variations en protéines dépendaient des phases climatiques, très variables sur un même territoire selon les périodes considérées. Mais elles ne furent jamais nulles, comme dans les taïgas et toundras actuelles où l'apport en végétaux reste prépondérant dans l'alimentation (Crevecoeur *et al.*, 2010).

Les ressources alimentaires

Forcément, au cours des longues périodes interglaciaires comme aujourd'hui, ces possibilités alimentaires étaient considérables et les Néandertaliens ont pu en profiter. L'apport en fibres végétales et en vitamines a dû perpétuellement constituer la base alimentaire de populations humaines qui ont vécu durant des centaines de milliers d'années, apparemment sans traces de carences. Cet aspect est d'autant plus clair que les « récoltes » peuvent aussi concerner les petits animaux, les mollusques et les œufs, le miel. Toutes ces ressources ont laissé peu de traces car il s'agit de périodes très anciennes, pourtant l'essentiel des stries d'usure visibles sur les outils de pierre prouve qu'ils ont été utilisés dans des activités liées aux végétaux, pour écorcer ou affûter par exemple. L'essentiel donc de l'outillage qui ne nous est pas parvenu (matières organiques) a lui aussi servi à la récolte et à la préparation de nourriture végétale telles les racines et les légumineuses.

Cependant, la majeure partie des vestiges persistants, donc des études qui leur furent consacrées, touche aux activités de la chasse, de l'abattage et du partage de denrées d'origine animale. Or, pour des populations en étroit contact avec la vie naturelle, il n'est jamais anodin de mettre à mort d'autres formes de vie afin de garantir la leur. On peut donc imaginer qu'il s'agissait d'autant de rituels d'abattage, régis par des règles strictes et précédés de cérémonies durant lesquelles l'échange était sollicité auprès des forces naturelles afin d'autoriser ces « sacrifices ». On observe d'ailleurs que les choix des animaux abattus correspondent davantage à des coutumes préétablies qu'à des exploitations opportunistes de tout ce qui aurait été accessible dans la nature.

Les règles de distribution de cette nourriture devaient procéder de la même manière, en suivant des procédés symboliques à caractère culturel, comme les répartitions aux sols permettent de le supposer. Le gibier était attribué selon les membres du groupe et selon la masse calorique qu'il contenait. Il n'existe d'ailleurs aucune population prédatrice actuelle qui échappe à la valorisation, symbolique et sociale, de la mise à mort d'un gibier potentiel : le prélèvement de la vie au nom d'une communauté humaine relève du sacrifice, qui exige autant de sacralité que la consommation de certaines viandes selon les religions ou l'acte symbolique de la consommation de la « chair du Christ ».

Quoi qu'il en fût, les traces techniques d'abattage sont clairement visibles, autant sur les armes utilisées que sur les restes osseux des animaux rapportés sur les sites de partage. Par exemple, les microtraces laissées sur les pointes de silex témoignent à la fois de leur usage pour la pénétration dans la peau et la chair animale, et des emmanchements dans les hampes aux bouts desquelles ils furent fichés. Les traces d'impact aux sommets de ces pointes montrent aussi qu'elles ont heurté les éléments squelettiques internes, où quelquefois leurs extrémités fragmentaires sont restées plantées. De nombreux autres outils ont servi à la découpe des corps (« boucherie »), au partage en lambeaux (« filets ») ou au tannage.

Sociologie et habitats

Tout comme les sépultures, les modes d'habitat manifestent des particularités ethniques au sein des diverses traditions néandertaliennes. On retrouve des dispositifs organisés au sol, de forme ovale ou circulaire, comme pour protéger l'intérieur d'un milieu par opposition à l'extérieur, hostile. Cela confirme la cohérence du groupe qui cherche à délimiter une aire culturalisée où l'on observe des traces d'activités spécialisées : ateliers, foyers, couchages. Dans les grandes aires ainsi définies, on observe également des zones de boucherie où les ossements furent désarticulés et les quartiers de viande partagés. De la même façon, des activités spécialisées de taille furent réparties en aires d'ateliers. L'organisation du groupe se reflète donc dans celle de l'habitat inscrite au sol. La taille de ces groupes est généralement estimée à une vingtaine d'individus, selon les extensions des abris construits, mais il s'agit d'estimations tirées de populations prédatrices actuelles dont les comportements sociaux ont pu être très variés au fil du temps.

L'inscription de l'habitat dans le paysage est plus complexe encore car les déplacements se manifestent par les échanges de matériaux et l'élaboration technique dont ils firent l'objet, en réduction permanente depuis leurs sources géologiques originelles. De telle sorte qu'un réseau d'activités diverses fut imposé à chaque paysage, et variable selon les traditions et selon les systèmes de déplacement. En tout cas, aucun réseau de cette sorte ne fut élaboré de façon aléatoire : on y sent la relation étroite entre les nécessités alimentaires et les réseaux d'alliance ou d'appartenance à l'un ou à l'autre. Ces filets, aux mailles larges, ont varié au fil du temps, des paysages et des traditions. Ils constituent en fait des sortes de signatures de géographie culturelle, comme dans toutes les traditions historiques connues.

Souvent installés sous un surplomb rocheux au pied d'une falaise (figure 9), ces habitats furent d'autant mieux connus qu'ils étaient aisés à repérer, à reconnaître et à fouiller. Toutefois, l'immense majorité des sites connus furent simplement installés en plein-air, sous abris construits en matériaux périssables dont il ne reste que les contours (« effet de tassement » des objets ; figure 10). L'habitat considéré dans son intégralité était le paysage lui-même sur lequel un réseau d'activités variées fut implanté.

Figure 9. Habitats bâtis autour de grands foyers

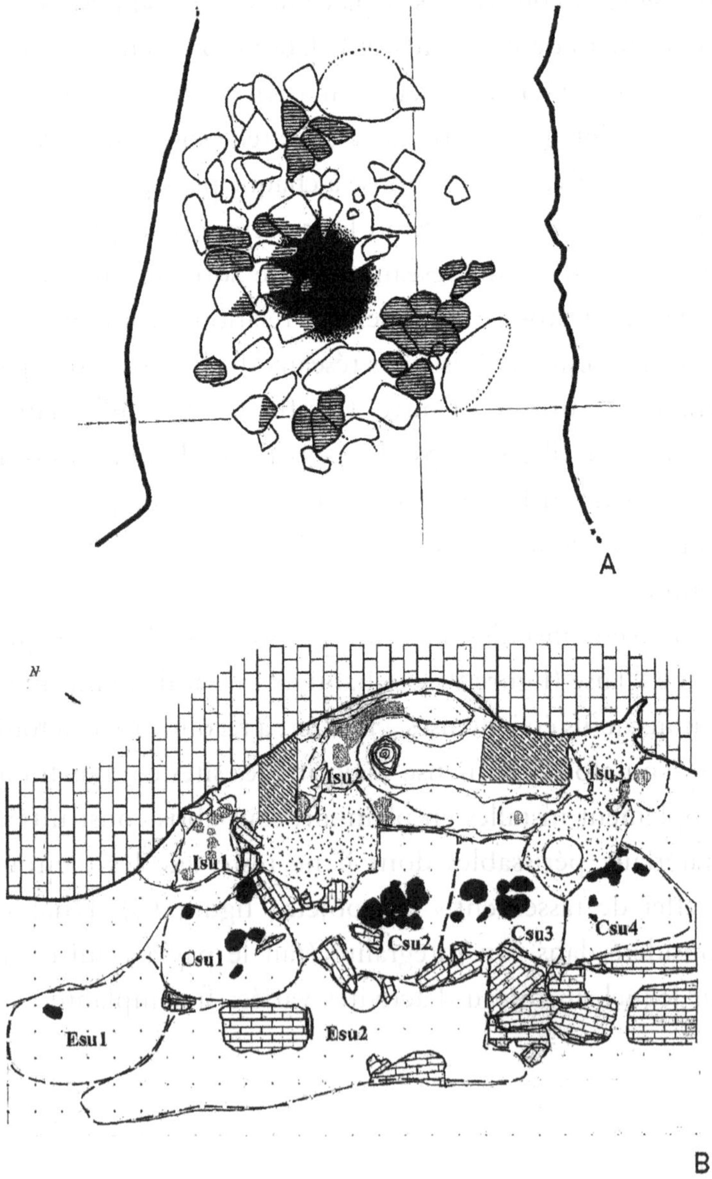

A : Arcy (Leroi-Gourhan, 1964). B : abri Romani (Carbonell, 2012).

Figure 10. Site moustérien de Therdone

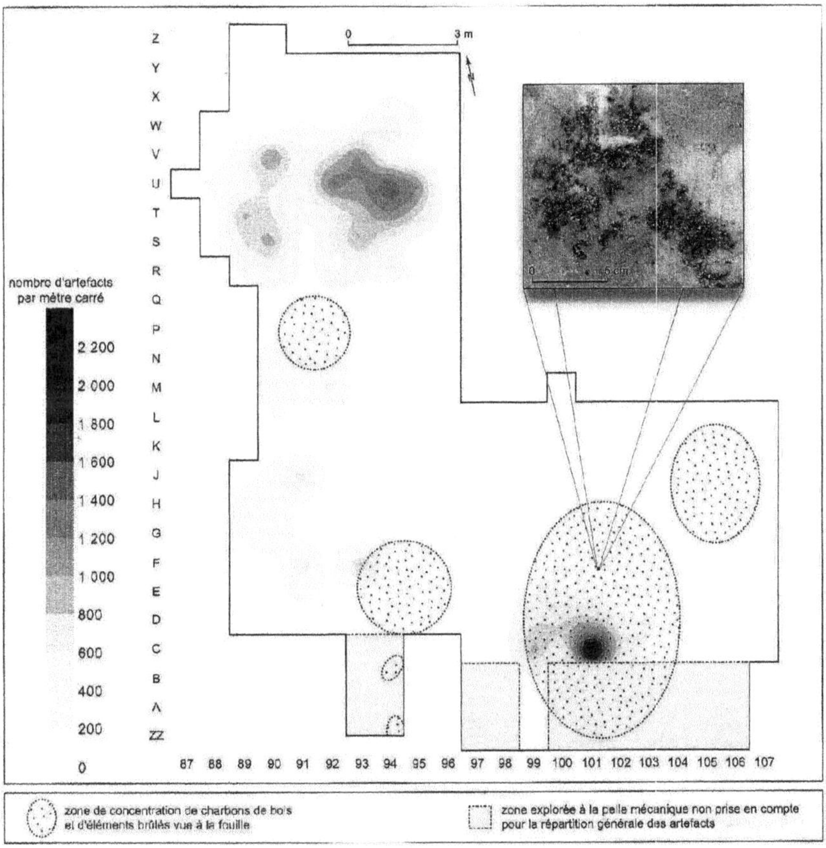

L'agencement principal est délimité par l'aire centrale du foyer. La dispersion périphérique de l'outillage, des éclats et des ossements correspond à la répartition des activités distribuées aux alentours (Locht, 2011).

CHAPITRE 4

Une pensée symbolique

Toute activité humaine passe par le fonctionnement triangulaire opéré par la pensée vis-à-vis de la réalité à laquelle elle est confrontée et sur laquelle elle agit selon l'ordre suivant : 1) un concept prend la place d'une observation tangible ; 2) il évolue ensuite de façon autonome ; 3) puis il peut être appliqué dans de tout autres circonstances. Cette action, typique de la pensée humaine, s'observe aussi pour les sons : ils portent une signification codée et correspondent aux concepts abstraits. Ils sont ensuite liés par des règles conventionnelles, au fondement des langages. Mais la préhistoire reconnaît de telles opérations symboliques dès les premiers outils façonnés de façon systématique, impliquant l'exercice triangulaire du symbole, dès l'apparition de notre espèce voici 3 millions d'années.

De brillants symboles de la pensée

Dans cette acception, le paléolithique moyen fournit d'innombrables et brillants symboles de la pensée dans les domaines techniques, domestiques et économiques évoqués jusqu'ici. Toutefois, des activités apparemment dénuées d'orientation fonctionnelle propre ont aussi laissé leurs traces que l'on pourrait dire « gratuites » dans la mesure où nous en ignorons le fonctionnement initial. De leur richesse et leur diversité les vestiges témoignent, du moins ceux façonnés en matériaux persistants. On peut par ailleurs imaginer d'autres formules techniques réalisées à partir de matières organiques abondantes, souples et riches comme les populations actuelles l'illustrent avec prodigalité. Dans les civilisations traditionnelles, ce qui est fait pour durer forme souvent l'exception (figure 11).

Des objets étranges jonchent les sites néandertaliens, dont les supports striés, faits d'ossements ou de pierre portant des traits gravés sans organisation apparente, comme s'il s'agissait de marques codées ou de signes aidant à mémoriser (Leonardi, 1975 ; Crémades *et al.*, 1995). Un os long ainsi décoré accompagnait une sépulture à La Ferrassie (Dordogne) comme un message extrait de son contexte : nulle autre intention ne peut y être décelée au-delà du geste de dépôt volontaire (Peyrony, 1934). De toute évidence, les Néandertaliens, bien qu'armés de toutes les capacités d'abstraction (leurs techniques le prouvent), n'ont pas cherché à développer la transcription

Figure 11. Ossements striés

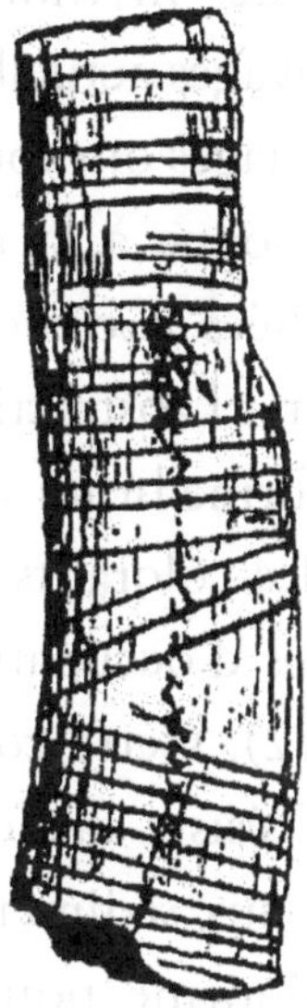

1

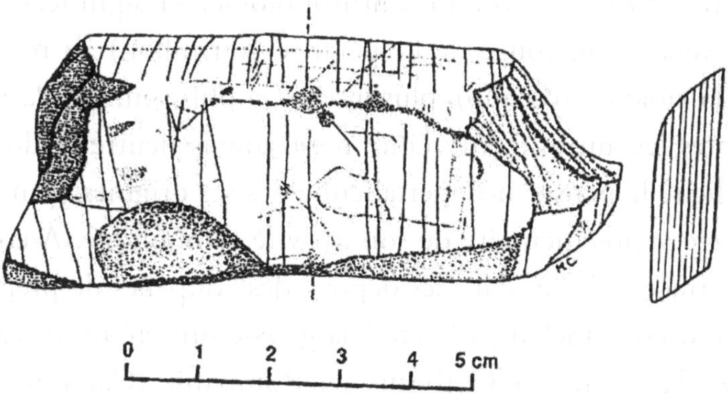

2

En haut (1) : La Ferrassie dans la sépulture, Peyrony, 1934. En bas (2) : Bacho Kiro (Kozlowski, 1996). Des stries marquées sur les ossements indiquent une notation régulière, peut-être pour décompter des événements à mesure qu'ils se produisaient.

matérielle de leurs pensées, entretenues dans l'abstraction du langage oral ou des mythologies, comme dans toutes les populations sauvages actuelles (Peresani, 2014 ; Marshack, 1988). Leurs images ont toujours été exprimées dans une matérialité analogue à la réalité : formes des outils, sépultures et trophées. Ce monde-là ne tient pas pour nécessaire d'enregistrer l'abstraction, de pérenniser le discours ou les rêves : la forme brute s'impose au concept.

Sur le même mode, des colorants rouges apparaissent parfois, mêlés aux couches d'occupation néandertalienne (Demars, 1992 ; figure 12). Cette couleur, laissée par le minéral d'oxyde de fer, résiste facilement à l'altération physico-chimique propre aux sédiments anciens. La couleur rouge possède un énorme pouvoir symbolique et impressionne la conscience humaine en tous milieux et en tout temps, au titre de signal vital, analogue au sang (Otte, 1993, 1996). En anthropologie, sa signification s'inverse – du rouge de l'espérance (vermillon) au rouge de la violence (carmin), plus intense et plus sombre. Parmi toutes les autres, cette teinte n'est jamais neutre et donc sollicite la pensée néandertalienne dès ses origines, témoignage supplémentaire de son activité symbolique. À côté des traces laissées dans les dépôts, des coupelles de préparation pour mélanger l'ocre à la graisse ont été retrouvées dans la grotte des Corbeaux en Roumanie (Cârciumaru *et al.*, 2014). Mais des colorants faits à partir du noir de manganèse ont aussi été recueillis dans les sites moustériens, élargissant la gamme des couleurs en usage chez les Néandertaliens selon les fonctions, telles celles liées à l'ornementation corporelle par la peinture (Demars, 1992 ; Sonneville-Bordes, 1969 ; Bonjean, 2015).

Des objets chargés de symboles ont parfois été récoltés à titre de simple curiosité : minéraux chatoyants ou fossiles fortement minéralisés (coquilles, oursins). Comme si ces roches « faisaient images » (Leroi-Gourhan, 1983), pure référence à leur existence première dans leur réalité vivante (Poplin, 1988 ; Moncel, 2012).

Figure 12.

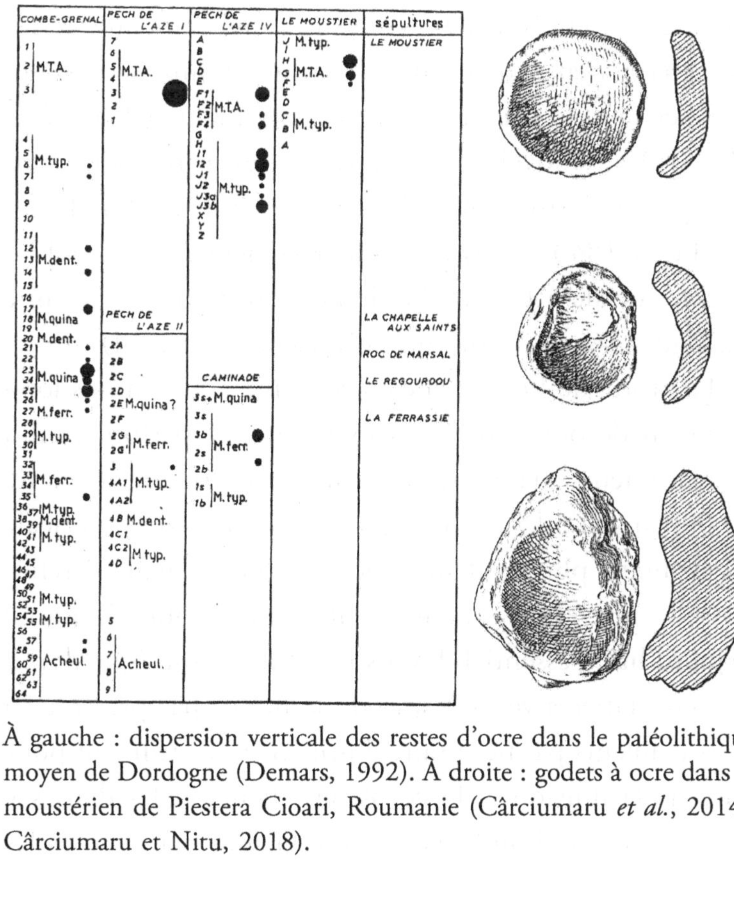

À gauche : dispersion verticale des restes d'ocre dans le paléolithique moyen de Dordogne (Demars, 1992). À droite : godets à ocre dans le moustérien de Piestera Cioari, Roumanie (Cârciumaru *et al.*, 2014 ; Cârciumaru et Nitu, 2018).

À ce titre, des perles naturelles ont été découvertes à Bedford en Angleterre, dont la perforation avait été agrandie et ouverte afin de les façonner plus librement et les rendre prêtes à la suspension (Smith, 1894). C'est aussi le cas des coquilles perforées de Cueva de los Aviones (Catalogne) dont les perforations, bien que naturelles, rendaient l'objet susceptible d'être suspendu même sans aménagement complémentaire (Zilhao *et al.*, 2010 ; figure 13).

Plus récemment, des phalanges d'aigles découpées ont été découvertes en Italie (Fumane) et en Croatie (Krapina) comme si le choix s'était porté sur l'ongle crochu (serres) du rapace mais aussi sur les plumes rémiges dont les attaches ont été découpées sur ces ossements (Peresani *et al.*, 2011 ; Radovcic *et al.*, 2015). Ces griffes sont souvent portées à titre symbolique par les Indiens des plaines (Bodmer, 1843-1844), qui s'identifiaient dans leur hiérarchie sociale à la superbe de l'oiseau de proie, par une analogie aussi puissante qu'universelle (figure 14).

La grotte de Divje Babe en Slovénie a livré un os long d'ourson découpé aux deux extrémités et perforé à cinq emplacements, dans une couche moustérienne datée de 60 000 ans (Turk, 2018 ; figure 15). Sa fonction musicale est d'autant plus évidente que cette grotte haut perchée possède une résonance naturelle remarquable. Comme aujourd'hui, l'essentiel des instruments de musique devait être en matières végétales, et donc ne fut pas préservé. Il n'est d'ailleurs pas nécessaire d'utiliser un instrument pour faire de la musique : le corps, les chants et les danses y pourvoient en abondance et avec facilité dans toutes les

Figure 13. Éléments décoratifs sur coquilles fossiles

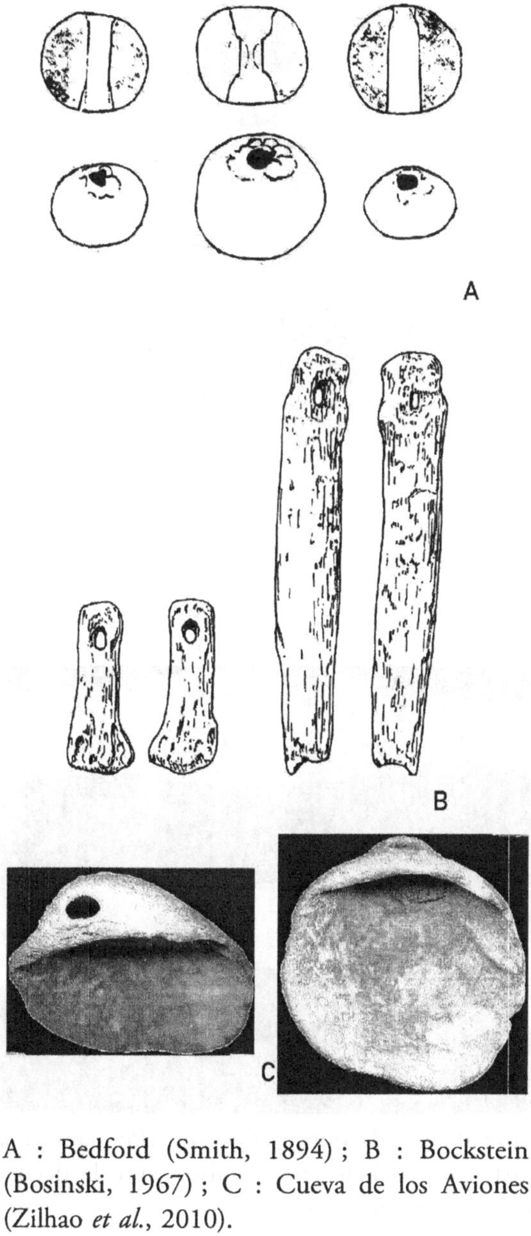

A : Bedford (Smith, 1894) ; B : Bockstein (Bosinski, 1967) ; C : Cueva de los Aviones (Zilhao *et al.*, 2010).

Figure 14. Griffes

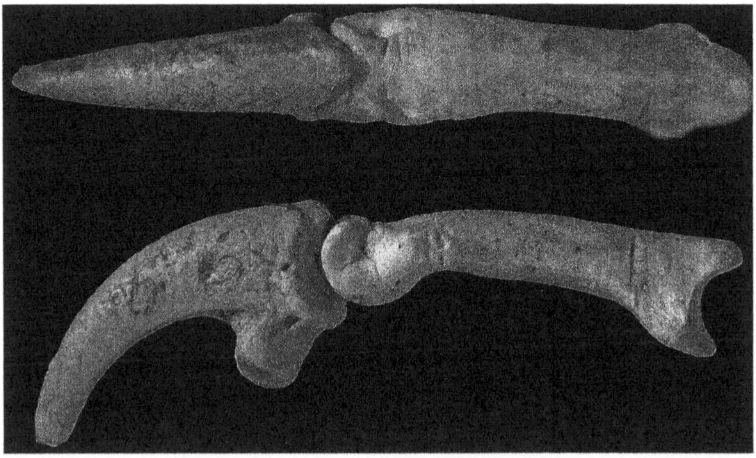

En bas, griffe d'aigle découpée, Fumane (Peresani *et al.*, 2011 ; Peresani, 2014) et, en haut, comparaison avec la décoration d'un chef indien (Bodmer, 1843-1844).

Figure 15. Flûte de Divje Babe

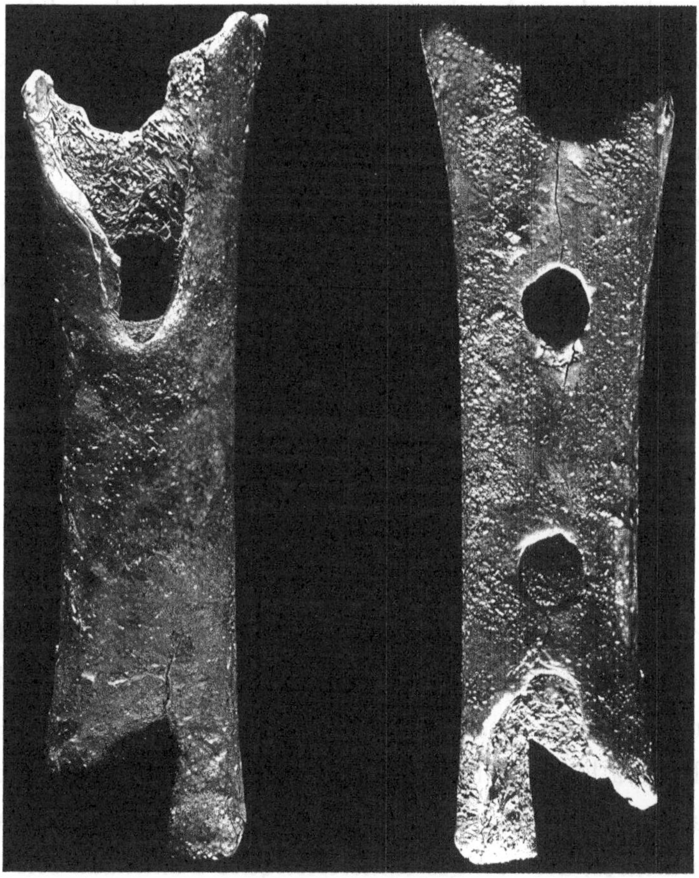

Slovénie (Turk, 2007, 2018).

régions du monde, spécialement sous un couvert forestier comme devait l'être alors la Slovénie paléolithique. La mélodie est au cœur de l'âme humaine, sans représentation, sans signification, sans explication. L'audition sollicite la conscience qui se réjouit d'un son harmonieux. Par sa beauté, la musique défie la logique et l'entendement.

Le besoin d'émotions est profond et la musique le révèle. Elle doit donc être intégrée dans un ensemble cohérent qui la justifie et la contrôle : religion, rituels, cérémonies. Le mythe s'exprime collectivement lors des chants et des danses, il assume la solidarité. L'organologie musicale (relative aux instruments) se sépare de l'anatomie durant ces activités, tout comme les premiers outils avaient prolongé la main. La création de nouveaux sons et de nouvelles harmonies procède alors de façon libérée et exponentielle bien avant la modernité humaine.

Les trophées

Chez les Néandertaliens, les images étaient créées sur un mode « hyperréaliste ». Les objets eux-mêmes font référence à la réalité évoquée dans les discours ou dans les rituels. Parmi ces signes matériels, les plus directement allusifs à l'animal furent sélectionnés et utilisés en modifiant leur contexte originel. En particulier, dans certaines sépultures, des vestiges caractéristiques d'animaux ont été associés aux défunts : os longs, cornes, ramures. On y perçoit aussitôt un langage symbolique où se trouvent associés le destin de l'homme à celui de la nature (figure 16).

Mais de tels trophées se retrouvent aussi dans des aires d'occupation aux apparences domestiques. C'est le cas notamment des « bucranes », vestiges des cornes de bovidés, et des chevilles osseuses fixées aux crânes de bouquetins qui sont préservés, découpés et exposés. Ces éléments

Figure 16. Trophées

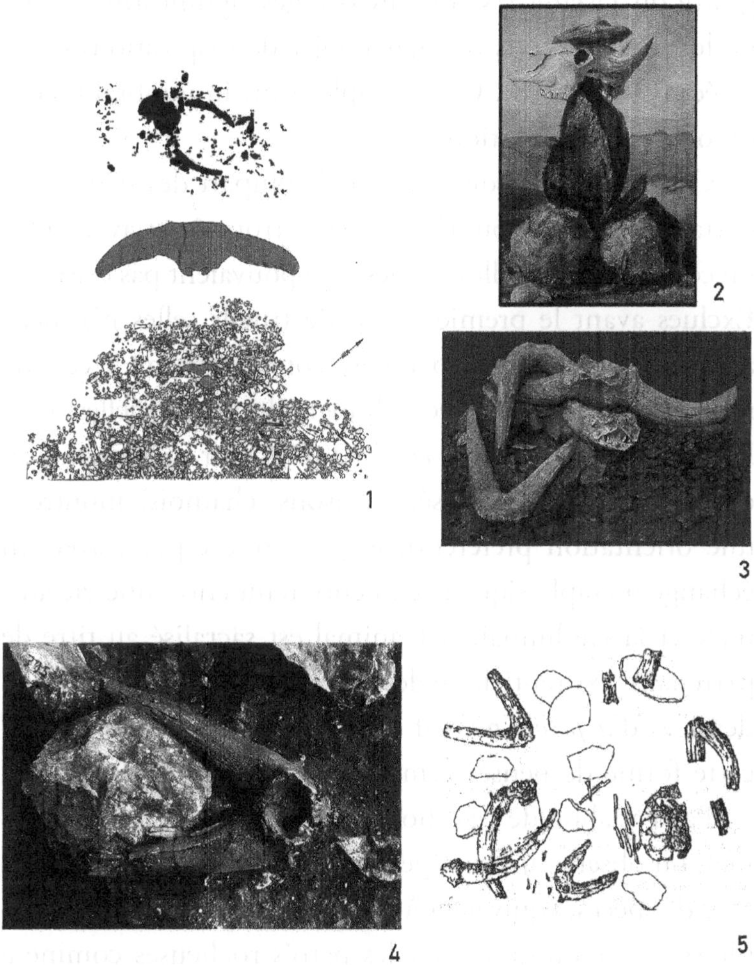

1 : Isernia ; 3 : Grimaldi ; 4 : grotte du Lazaret ; 5 : Techik-Tass (tirés de Otte, 2015). Les Indiens des plaines utilisent également les ossements de crânes de bovidés, nichés sur de grosses pierres, afin de délimiter leurs territoires (2 : Bodmer, 1843-1844).

du crâne sont caractéristiques de l'espèce et impliquent sa personnalité spécifique (force ou rapidité), ainsi mise en relation avec l'existence humaine (Otte, 2015). À la grotte du Lazaret (Nice), des vestiges significatifs d'ours, de loups et de cerfs ont fait l'objet de dispositions organisées (Otte, 2018). Ces exemples sont innombrables dès qu'on y prête attention.

Or force est de constater que la plupart des sites néandertaliens ont été fouillés trop vite, trop tôt et avec l'idée préconçue que de telles images « ne pouvaient pas exister ». Exclues avant le premier coup de truelle, elles n'avaient aucune chance d'être perçues, contrairement à ce que révèlent toutes les données ethnographiques actuelles (Lot-Falck, 1953 ; Marchina *et al.*, 2017). Car même les sites dits de « chasse spécialisée » (bisons, chamois) montrent une orientation préférentielle pour une espèce, avec un échange métaphysique : celui entretenu entre une vie animale et la vie humaine. L'animal est sacralisé au titre de partenaire existentiel. Seules des fouilles très attentives et dénuées d'*a priori* négatif ont été susceptibles de révéler cette forme de pensée symbolique.

Par l'analyse de ces choix d'images concrètes de l'animal, on observe un cortège mythique, c'est-à-dire un cortège d'espèces, équivalent à celui des « images artificielles » ultérieures reproduites sur les parois rocheuses comme à Lascaux. Mais le contact est beaucoup plus direct chez les Néandertaliens, qui n'ont pas établi une distinction aussi nette entre la vie naturelle et leur propre pensée.

Par exemple, à Grimaldi (frontière franco-italienne), le niveau moustérien présentait un amas intentionnellement élaboré fait de chevilles osseuses de bovidés et de bouquetins soigneusement enchevêtrées et formant un monticule sur une surface dépourvue de déchets alimentaires (Boule, 1906 ; Otte, 2015). Cet amas organisé constitue un message où les symboles des deux espèces semblent complémentaires, comme une grammaire lie deux concepts dans un discours, ici fait d'ossements.

De nombreuses espèces sont concernées : ours, bisons, bouquetins, aurochs, cerfs. Mais la signification ou la pertinence de ces symboles n'apparaît pas clairement. Est-elle purement aléatoire et propre à toute expression humaine, ou relève-t-elle de traditions distinctes, voire de phases chronologiques ? Le peu d'inventaires fauniques détaillés interdit de le préciser bien que des tendances régionales se dessinent nettement dès le moustérien européen (Otte, 2021). Confrontées aux traditions exprimées par les techniques, ces variations dans les trophées présentent un éclairage nouveau sur la pensée collective néandertalienne.

En somme, chez les Néandertaliens, l'image réelle (le trophée) s'oppose à celle virtuelle (peinture rupestre) produite par les hommes modernes. Lorsque l'humanité se sera davantage éloignée de la nature, elle s'investira dans le concept produit par la seule pensée et oubliera l'individu naturel qu'elle imite. Le paléolithique moyen tend vers cette conceptualisation mais s'est en quelque sorte arrêté plus tôt. Si l'animal n'y est pas que viande, s'il y est aussi symbole, c'est sans trop s'écarter de sa matérialité première. Car la tête d'un bison faite trophée est vraiment la sienne : le trophée procède seulement d'un changement de statut, donc d'un déplacement de la présentation. Tout se passe comme si l'ossement possédait, au titre de relique, une partie de la vie d'abord contenue dans l'animal, sacralité incluse. Nos reliques médiévales ne procèdent pas autrement, y compris, par exemple, pour un peigne ou une chasuble, jadis utilisés par un saint homme, devenus ainsi « reliques secondaires ». Mais plus encore dans la théologie de la rédemption où on consomme la chair du Christ et où les symboles du berger et des agneaux reviennent avec constance. Ce qui se joue dans la métaphore historique fut d'abord pratiqué dans une réalité très matérielle, bien que déjà investie d'une symbolique puissante, voire elle aussi déjà « rédemptrice ».

Les cultes liés aux ours

Les traces de ces considérations sont fréquentes dès le paléolithique moyen (ère de Neandertal en Europe). Toutefois, il faut bien voir que nous sommes limités aux seuls vestiges préservés, par conséquent essentiellement osseux, pourtant fondamentaux dans les études ethnologiques (Eliade, 1949). Cependant, les rites connus aujourd'hui impliquent autant les comportements de l'ours, sa peau, sa fourrure, ses traces de pas, sa dépouille crânienne qu'évidemment son statut mythique (Roux, 1966). Or partout sur la terre où humanité et ursidés sont entrés en contact, cette sollicitation de l'imaginaire intervient : aux Amériques, en Sibérie et au Japon (Bodmer, 1843-1844 ; Pouget, 2004 ; Germonpré et Hämäläinen, 2007 ; Chnirelman, 1988).

Ces aires septentrionales et boisées contiennent les deux espèces qui semblent se considérer mutuellement comme fascinantes et respectables (figure 17).

Figure 17. Vestiges d'ours

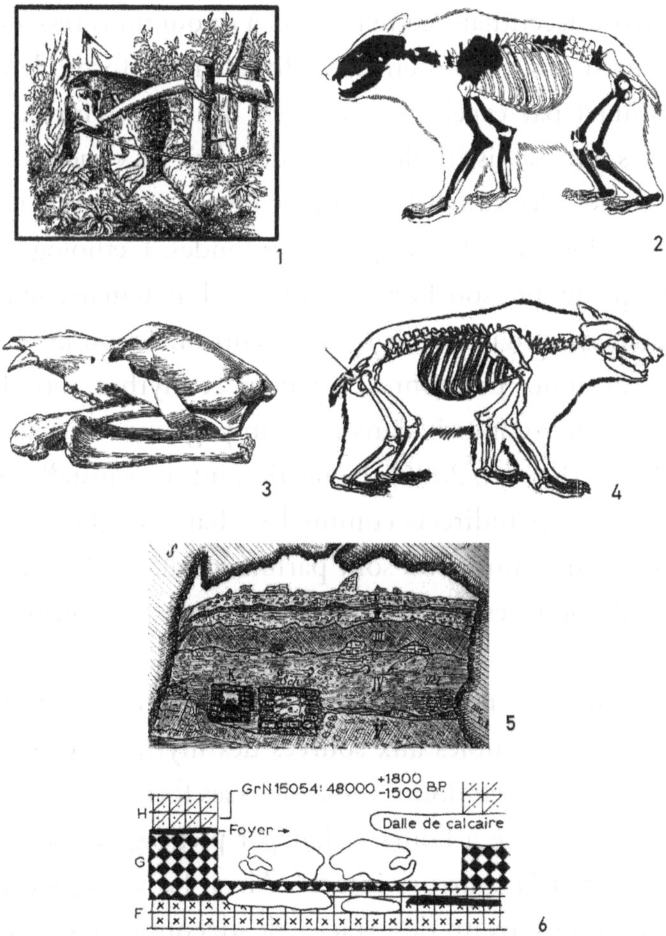

Vestiges préservés et disposés 1 : chasse à l'ours en Sibérie (Lot-Falck, 1953) ; 2 et 4 : préservation des ossements en sites paléolithiques, Bize (Patou-Mathis, 2006, 2009) ; 5 et 6 : crânes d'ours disposés en caissons, Drachenloch (Baumann, 2009).

En particulier, le regard de l'ours nous captive comme un messager de notre autre nature. En position debout, sa stature, ses bras ouverts, sa poitrine visible comme la nôtre ne peuvent que renforcer une alliance d'autant plus forte que ces animaux possèdent aussi une alimentation omnivore accentuant cette relation à ce qui nous ressemble mais n'est pas nous-mêmes. L'alimentation forme le lien de contact par excellence entre les différentes formes de vie. Les ours se dissimulent dans des abris ou « caches » où précisément les rituels humains se déroulent : forêts reculées, surplombs rocheux, grottes profondes. L'éthologie des ours, quelle que soit l'espèce, sollicite l'imaginaire le plus spontanément dans les régions septentrionales où ils vivent avec l'homme. Les contes, légendes et mythes abondent à leur sujet y compris dans nos campagnes médiévales et modernes (Lajoux, 2006). La relation intime s'installe aussi *via* les vestiges indirects comme les « bauges » (litières) où les sépultures humaines sont parfois installées (Cussac) et leur silhouette est fréquente dans les arts paléolithiques (Chauvet).

Durant l'ère néandertalienne, diverses traces attestent ces relations troubles aux sources des mythes, des rituels et des vestiges abandonnés sous diverses formes (Bednarik, 2017). La chasse à l'ours se fait par piégeage car il s'agit de conserver la fourrure intacte. Ainsi, les vestiges paléolithiques montrent des traces de découpe destinées à maintenir la peau en une seule pièce (Auguste, 2003 ; Tillet et Bernard-Guelle, 1996). Les restes osseux sont complets à la différence de ceux issus du gibier consommé pour sa viande (figure 17). Toute la carcasse est conservée intégralement afin d'être restituée ainsi à la nature et de poursuivre alors sa revitalisation ultérieure comme les peuples sibériens la pratiquent encore (Lot-Flack, 1953). Chez les Aïnous, à l'issue des cérémonies, les crânes séparés du corps sont disposés en cercle autour de l'aire rituelle. Dans les sites paléolithiques, les crânes sont souvent traités isolément et répartis régulièrement sur le sol, comme à Arcy-sur-Cure (Yonne) ou à Sclayn (Belgique). Mais les plus impressionnants sont formés de caissons aménagés en dalles de pierre dans les grottes alpines : Suisse, Autriche, Italie (Bächler, 1940). Séparés, organisés, parfois ocrés, ces crânes d'ours font l'objet de cérémonies particulières dans les grottes profondes où leurs âmes, ainsi contrôlées par le rituel, participent à la cérémonie. Le site de Rece en Roumanie est spécialement explicite : quatre crânes isolés sont assemblés en croix à l'intérieur de la grotte, sans autre objet d'accompagnement (Cârciumaru et Nitu, 2018).

Comme souvent dans nos rituels, le vestige significatif (direct tel l'os, ou indirect telles les traces) prend la place et la valeur de l'être vivant et complet. On ne peut imaginer un être si proche et si analogue qui resterait extérieur au monde mythique dans lequel l'humanité a plongé durant des centaines de millénaires. La signification de la vie se situe dans l'incarnation de ses forces et les rituels établissant un dialogue entre l'âme animale et la pensée mythique humaine.

Crânes humains et personnalité

Depuis les plus anciennes découvertes parmi les restes osseux, les crânes humains sont les plus largement représentés : cela s'explique autant par des conditions de conservation plus favorables que par le choix des fouilleurs ou pour des raisons religieuses, le crâne étant le siège de la pensée. En outre, on observe des aménagements de la base des crânes dès les *Homo erectus* de Java (pithécanthrope) et d'Europe (Steinheim) comme s'ils avaient été exhibés intentionnellement (Wernert, 1947 ; figure 18). À toutes les périodes paléolithiques, les crânes personnifient le défunt et en ce sens, ils font l'objet de traitements particuliers. Les restes du corps et les mandibules ont été séparés et exclus de l'ensevelissement. L'intention de mettre en valeur ces éléments séparés en les éloignant de l'habitat illustre des pratiques rituelles élaborées, comme on en voit dans toutes les traditions religieuses ultérieures (Larson, 2019 ; Eliade, 1976).

Le crâne est le centre de la pensée du défunt ; il sacralise sa personnalité ainsi perpétuée. L'association occasionnelle au rouge par les dépôts d'oxydes de fer (Apidima) correspond à une pratique universelle de revitalisation. Des traces de découpe sur le front apparaissent également comme si la tête avait été aménagée ostensiblement pour recevoir des ornements particuliers à Lazaret (Lumley *et al.*, 2020) et Krapina, en Croatie (Otte, 2018). Cette coutume profondément inscrite dans notre imaginaire se retrouve durant tout le paléolithique supérieur et dans les crânes modelés, couverts d'argile ou de plâtre durant le néolithique (Cauvin, 1976) et jusque dans les bustes-reliquaires médiévaux. Les crânes sont comparés à la voûte céleste, le sommet de la tête prenant la forme d'une coupole (Eliade, 1976). L'utilisation du crâne comme une coupe à boire est une autre manière d'honorer et de perpétuer l'esprit du défunt (Lambrechts, 1954 ; Mohen, 1995).

Ce symbole universel du vestige crânien se maintient sous toutes ses formes comme le plus puissant pour représenter la personnalité. La poursuite de cette pratique depuis les *erectus* vers Neandertal jusqu'aux hommes modernes manifeste la continuité et la cohérence de la pensée métaphysique perpétuellement en action dans l'espèce humaine. À chaque étape de l'évolution, la pensée humaine s'adapte à la situation mais ses axes principaux conservent ses structures fondamentales. Elles consistent à arrimer l'existence humaine à la permanence du temps et les gestes, exprimés par les vestiges, répondent à cet espoir absolu d'immortalité. L'humanité a toujours donné une signification prioritaire à sa propre identité par opposition aux phénomènes insurmontables auxquels son esprit était confronté et dont sa conscience fut perpétuellement le témoin. Elle devait donner une signification à l'éphémère auquel elle était soumise dans ses variations contraires et dans ses défis ; la réponse fut apportée par les témoins de sa permanence individuelle incarnée par le vestige crânien.

À la fin des années 1930, une découverte beaucoup plus convaincante fut faite à la grotte Guattari, au sud de Rome, par Alberto Carlo Blanc. Au fond d'une galerie tortueuse, un crâne humain isolé avait été déposé, sans sa mandibule, au centre d'un cercle aménagé de pierres. Le trou occipital tourné vers le haut avait été soigneusement élargi afin d'accéder au cerveau, probablement consommé comme les traces de cannibalisme l'attestent sur bien d'autres sites (Krapina, par exemple). Tout le reste de la grotte était totalement dépourvu de vestiges animaux ou humains et aucun outil préhistorique n'y fut découvert, montrant bien l'aspect particulier de la situation, rituelle et respectueuse en un mot, consacrée à cette activité exclusivement. Le rituel néandertalien était clairement démontré, et même attesté depuis les Pré-Néandertaliens, aussi bien en Chine qu'en Indonésie.

Ce fut à nouveau le cas en Grèce plus récemment (Lumley *et al.*, 2020). Deux crânes humains isolés ont été retrouvés dans une grotte faisant face à la mer, au Sud Péloponnèse. Ils avaient été tous deux soigneusement préparés par la rectification de la base sous le maxillaire et par le détachement de la mandibule. Des traces de colorants rouges y ont été en outre déposées. Il s'agissait d'une femme et d'un homme associés pour l'éternité dans ce qui symbolisait le plus fortement leur personnalité. Datés de 160 000 ans, ces vestiges annoncent à la fois les Néandertaliens européens postérieurs et leurs aspects rituels qui vont se développer par la suite. Également en Grèce, le site de Petrálona avait déjà livré le crâne isolé d'un *Homo erectus*, figé par la calcite dans la paroi de la grotte.

La découverte faite en Israël à Kébara dans les années 1980 (Bar-Yosef, 1988 ; Tillier, 1988, 2011) constitue en quelque sorte le symétrique opposé de ces vestiges crâniens : en pleine séquence moustérienne, une sépulture néandertalienne fut très soigneusement dégagée, en position allongée (figure 18). Sa parfaite conservation a pu montrer que les bras étaient repliés sur la poitrine et que le crâne avait été extrait dans un second temps, après l'inhumation. En effet, une des molaires supérieures était tombée durant la première opération et prouvait que le crâne entier avait d'abord été déposé dans la sépulture.

Ces diverses découvertes, très explicites et incontestables, citées parmi d'autres, illustrent clairement l'universalité de cette pratique cultuelle dès la période néandertalienne, et qui se poursuit depuis lors. La diversité des contextes n'exclut pas la primauté des axes structuraux fondamentaux qui lient l'existence éphémère à l'espoir de la continuité. Nous sommes là devant l'un des témoignages de l'audace de l'espèce humaine qui a voulu donner une signification à sa propre identité dès l'éveil de la conscience. Le crâne possède et perpétue la personnalité des défunts par leurs parties les plus significatives et l'emploi de colorants rouges (oxydes) constitue un universel symbolique du sang et de la vie. Leur diversité anatomique montre en outre que les comportements religieux caractérisent des populations humaines extrêmement diverses mais toutes expriment les mêmes aspirations métaphysiques.

Figure 18. Crânes humains, isolés, préparés et disposés intentionnellement

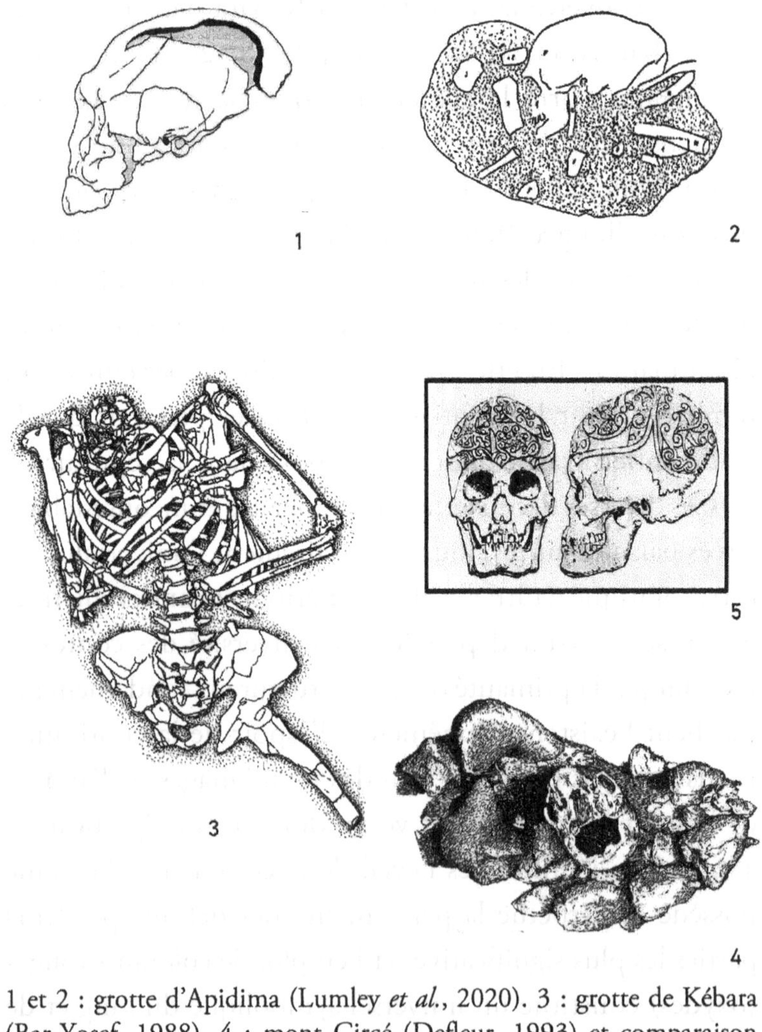

1 et 2 : grotte d'Apidima (Lumley *et al.*, 2020). 3 : grotte de Kébara (Bar-Yosef, 1988). 4 : mont Circé (Defleur, 1993) et comparaison ethnographique avec 5 : Indonésie (Wernert, 1947). Dans diverses situations, les crânes humains ont été séparés du corps après la mort. Il semble qu'ils aient fait l'objet de cultes particuliers, comme c'est le cas en Indonésie (5).

Des traces de décharnement chez les Néandertaliens

À plusieurs reprises, des traces d'actions sur les ossements humains ont été observées, analogues à celles portées sur les ossements animaux (Le Mort, 1988). On peut les interpréter comme des activités rituelles liées à la préparation du défunt, ce que les exemples ethnographiques illustrent largement (Thomas, 1976). Leur fréquence augmente avec le soin apporté à l'examen de ces vestiges trop souvent mélangés aux restes de la faune consommée (Rougier *et al.*, 2016). Ce traitement du cadavre, en dehors de toute pratique sépulcrale, fait partie des rituels de « nettoyage » des ossements antérieurs à toute autre action rituelle. Il peut précéder le cannibalisme ou plus simplement y être associé (Giacobini, 2006).

Ces traces de décharnement se retrouvent à travers tout le continent européen mais semblent plus ou moins fréquentes selon les contextes culturels considérés (Ullrich, 1986). Elles peuvent donc entrer dans une description appropriée de certaines traditions, comme c'est le cas aujourd'hui pour les sépultures en deux temps pratiquées à Madagascar (figure 18).

Mais ces traces manifestent aussi le soin d'extraire certains éléments du corps seulement. Elles portent en effet sur les lieux d'insertion des muscles ou des tendons comme pour préserver certains éléments du défunt séparément : la mandibule ou la tête. Le décharnement, précis et volontaire, manifeste le but de conserver des « trophées humains », c'est-à-dire un culte qui serait rendu à certaines parties du corps exclusivement. Cette création d'images naturelles humaines précède de loin toute figuration plastique comme on les trouve au néolithique. Elle semble aussi procéder d'un rite distinct de la consommation proprement dite et élargit la gamme entre anthropophagie et inhumations (Le Mort, 1986).

Les traces de découpes portées sur l'os frontal suggèrent en outre l'existence de pratiques liées aux scalps des victimes, comme au Lazaret à Nice (Otte, 2021 ; Hamperl, 1967), en une sorte de théâtralisation de la mort intégrée à la société des vivants *via* des rituels ostentatoires. À l'inverse de nos sociétés, la mort y est alors assumée collectivement.

Cannibalisme et motivations symboliques

Dans l'esprit des chercheurs occidentaux, la notion de cannibalisme a toujours paru tellement étrange voire scandaleuse qu'il a fallu du temps et des arguments forts pour la faire admettre au sujet des Néandertaliens. Pourtant, elle s'impose avec force dans de nombreux sites paléolithiques dès que l'on veut bien s'en tenir à l'observation des traces archéologiques dans un esprit dépourvu de préjugés (Ullrich, 1991). En réalité, ces traces sont nombreuses et évidentes ; elles jouent, en outre, sur divers registres de comportements funéraires, liés aux modes de consommation (découpes, raclages, brûlures) et aux membres concernés (Saladié et Rodriguez-Hidalgo, 2016). Ces comportements religieux liés à la mort évoquent ceux qui se manifestent pour les sépultures ou le culte des crânes humains (ou « ancêtres »). Les processus de transfert d'une vie à l'autre rejoignent ceux liés à la chasse mais s'assortissent d'une symbolique plus puissante car il s'agit aussi d'un transfert spirituel, impliquant une pensée identique à la nôtre (figure 18).

Toute pratique de chasse et de consommation animale bouleverse la relation à la vie dès les premiers hominidés carnivores, et ce loin du destin naturel des primates végétariens. Mais une étape supplémentaire a été franchie, sans doute très tôt, lorsque l'homme s'est nourri de la chair et de la personnalité d'autrui. L'exploration des mécanismes de la conscience était à ce prix, d'autant que de nombreuses populations actuelles pratiquent, peu ou prou, le cannibalisme et que les motivations en sont d'une grande diversité, de la plus alimentaire à la plus éthérée (Guille-Escuret, 2012). Nos traditions incluent d'ailleurs symboliquement la manducation du Christ. Et ce passage d'une vie à l'autre est totalement « naturel » lorsqu'il s'agit de l'allaitement d'un enfant auquel pourtant seuls les mammifères sont astreints : dans notre immense famille, la condition même de l'existence est soumise à cette nécessité de transfert biologique de la mère à l'enfant bien après sa naissance. Symétriquement, le patriarche aborigène donne son sang à boire à ses fils afin de perpétuer la filiation.

Cette pratique s'apparente à la création d'une sépulture vivante.

En écartant provisoirement les aspects anthropologiques, psychologiques ou simplement nutritionnels du cannibalisme, on peut observer matériellement de telles pratiques étendues durant des millénaires chez les Néandertaliens, comme s'il s'agissait d'une condition naturelle de l'existence humaine dont ils portent simplement le plus évident témoignage. À côté de l'inhumation et de l'incinération de ses proches, il faut donc bien considérer la possibilité, ouverte par de nombreuses populations, de les consommer, en tout ou en partie, mais aussi de se nourrir des forces de l'ennemi ou de la sagesse d'un ancien. Une fois le principe admis, la gamme des motivations symboliques est très large (Kilani, 2018 ; Lévi-Strauss, 1958). Cependant, dans la pratique archéologique, cette idée reste tellement scandaleuse auprès des fouilleurs occidentaux qu'elle a provoqué le rejet de ces traces parmi les restes « de cuisine », autrement dit des ossements animaux qu'il faut aller réexaminer armé d'un tout autre point de vue (Rougier *et al.*, 2016). La démonstration archéologique d'un fait, pourtant si banal en ethnologie, a exigé une élaboration méthodologique appropriée et une entreprise de destruction des dogmes imposés par les milieux à vocation scientifique. Mais il est vrai que l'homme se voit tout autrement quand il s'agit d'examiner ses propres vestiges, et non de retracer sa conquête sur les autres formes de vie (Boccara, 2002).

Dès le XIXe siècle pourtant, d'évidentes traces de cannibalisme avaient été récoltées sur le plus emblématique des sites de ce point de vue : la grotte de Krapina en Croatie (Trinkaus, 1985 ; Radovcic J., 1988 ; Frayer, 2006). Des centaines d'ossements humains appartenant à au moins 80 individus néandertaliens y ont été récoltés dans un niveau moustérien. Depuis lors, les fouilles et les analyses n'ont pas cessé et ont toujours conforté cette interprétation. Les restes humains y sont brisés, percutés, découpés et parfois brûlés de façon systématique. Comme il s'agit d'une vaste grotte, isolée dans le paysage et largement ouverte, on peut penser que le caractère spectaculaire du site le rend particulièrement propice à cette activité collective ressortissant du sacré. À cette pratique du cannibalisme s'ajoutait une dimension cérémonielle témoignant d'un compartimentage des fonctions sociales, comme nous le verrons plus loin.

Depuis cette époque lointaine et héroïque d'une recherche balbutiante, de nombreux autres témoignages de cannibalisme ont été récoltés, comme à Bilzingsleben (Thuringe), au Lazaret (Nice), à Tautavel (Pyrénées), à Goyet (Belgique). Et jusqu'aux crânes de Chine ou d'Indonésie dont la base semble avoir été élargie afin d'en extraire la cervelle à forte charge symbolique et tout simplement très nutritive (Wernert, 1936, 1947 ; Otte, 2021).

Autant que la maîtrise du feu, la consommation d'un proche en tant qu'elle manifeste une relation profonde a pu être déterminante pour la création de mythes sur le modèle freudien (Boccara, 2002, p. 82-83). Ce « mythe paternel » incarné dans *Totem et tabou* (1912) serait, selon Freud, à l'origine des traditions culturelles humaines, bien que cette interprétation du pionnier de la psychanalyse ne soit pas toujours partagée par les anthropologues (Lévi-Strauss, 1958, p. 227-256).

Sépultures et pratiques funéraires

Le fait sépulcral, totalement universel, comporte une grande variété de modalités que nous allons illustrer ici et qui toutes touchent aux rapports entretenus entre la conscience et la vie. Confrontée à l'éphémère, la lucidité humaine suscite des créations incarnées dans une matérialité rassurante et dont la diversité révèle les tâtonnements de la pensée dès le paléolithique ancien. Cette dernière suit des démarches successives sans que nous puissions clairement saisir la signification de son déroulement. Mais les modalités s'imposent selon le même rythme que celui que nous connaissons finalement aujourd'hui. Partout, là où l'humanité s'interroge et cherche à se rassurer, elle présente des fluctuations matérielles analogues. Par exemple, les traces laissées sur les crânes humains, apparemment dans une volonté de mise en scène, sont observées dès les pithécanthropes depuis au moins 1 million d'années. Mais toutes les autres modalités du rapport à la mort apparaissent, dont les ensevelissements et la crémation.

Le puits naturel de la Sima de los Huesos à Atapuerca (Burgos) contient les corps de 28 jeunes gens dont certains portent des preuves de mise à mort violente par fracture des os frontaux (Carbonell, 2003). La vocation rituelle de ces corps assemblés se renforce par la présence d'un seul biface chatoyant qui leur fut associé (vers 400 000 ans). L'intention de cette mise en scène cérémonielle ne semble guère faire de doute, d'autant qu'on retrouve cette même pratique mortuaire chez les Néandertaliens d'Altamura, en Italie, il y a 80 000 ans (Martini, 2015) parmi de nombreuses autres pratiques religieuses illustrées à cette époque. La précipitation au fond d'un gouffre dès la mise à mort semble faire partie de la panoplie des rituels mortuaires tout au long des temps préhistoriques.

Toutefois, au cœur de l'ère néandertalienne, les pratiques funéraires présentent des formules structurées et explicites révélatrices de rituels stéréotypés mais aussi de traditions régionales distinctes. Nous en illustrons quelques aspects, en renvoyant aux inventaires publiés dans les ouvrages de synthèse (Smirnov, 1981, 1989 ; Defleur, 1993). Considérées globalement, toutes les formes de traitement du corps humain se retrouvent chez les Néandertaliens. Mais on peut observer des pratiques régionales déterminées par des tendances traditionnelles (figure 19). De façon générale, les structures construites élaborées sont plutôt propres à l'Ouest européen. En Europe centrale et orientale, les ossements humains, découpés et striés, sont plus souvent retrouvés intégrés aux restes fauniques (Bilzingsleben, Krapina, Kulna). En Eurasie, trois régions présentent une particulière richesse dans les expressions funéraires : le Périgord, la Crimée et le Proche-Orient.

Figure 19. Sépultures avec restes d'animaux associés

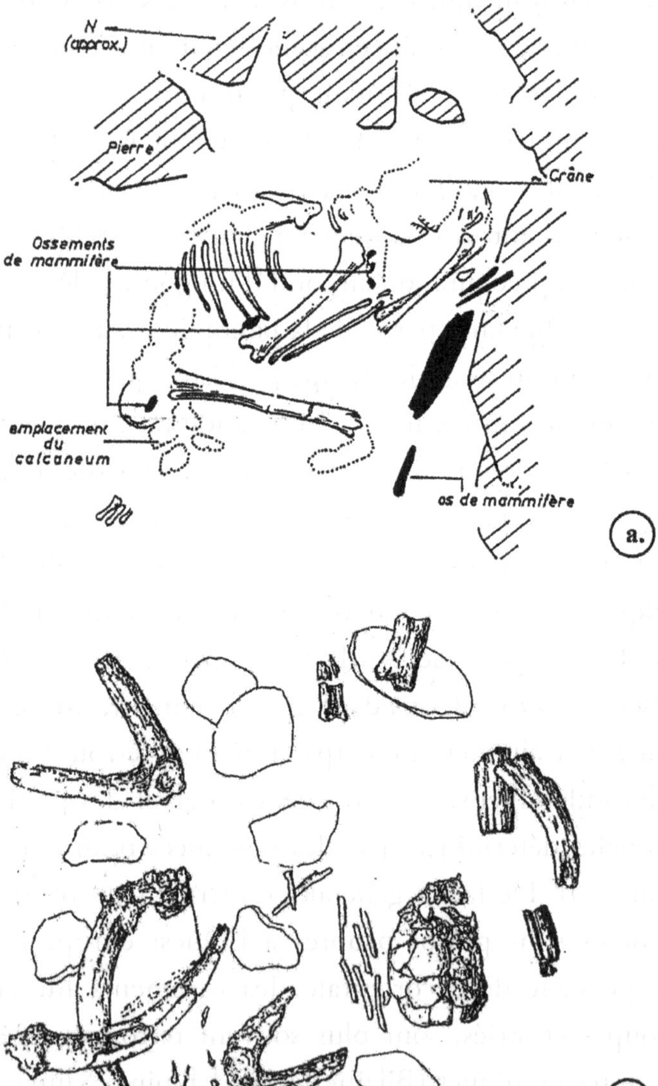

a : Shanidar, Irak ; b : Techik-Tass, Ouzbékistan (Otte, 2015). L'intention de refermer le cadavre dans une fosse est doublée par les dépôts d'ossements animaux particuliers : cornes ou os longs.

Les bassins de la Meuse et du Rhin se présentent comme intermédiaires dans cette répartition, d'autant plus que le site éponyme de Neandertal (figure 20) s'y situe, tout comme le site de Spy. Dans cette région limitrophe, on retrouve la « mise en scène » d'inhumations (probablement en position allongée) dans de vastes grottes ouvertes sur la vallée au sommet de falaises (Otte, 2019). Même le site le plus anciennement fouillé, à Engis près de Liège, semble correspondre à un tel schéma théâtral : la falaise verticale contenait cette tombe isolée, lors des premières recherches au début du XIXe siècle par Philippe-Charles Schmerling (1833-1834). Sur ce même territoire, des restes humains dispersés ont aussi été retrouvés au sein des dépôts, comme en Europe centrale (Toussaint et Pirson, 2006). Les traditions du bassin de la Meuse expriment en effet souvent cette mixité culturelle au cœur de l'Europe.

Figure 20. Entrée de la grotte de Neander

(D'après Bongard, 1835 dans Schmitz et Thissen, 2000.)

Cette trilogie combinatoire – l'inhumation en position allongée, le sommet de la falaise, le paysage ouvert sur la vallée – forme un premier message : inhumer implique en effet de découper l'espace et le temps par le creusement d'une fosse où les défunts sont préservés des conditions animales et de la dégradation. Un destin ostentatoire leur est ainsi réservé contre le temps et contre la nature. Avec d'infinies modalités, cette formule stéréotypée s'est retrouvée tel un axe fondamental à travers l'espace européen. L'orientation astronomique ne semble pas prioritaire par rapport à la disposition vers la lumière offerte par la topographie choisie dans le paysage.

Le Proche-Orient offre une variante de ce rapport à la mort. Les corps des sépultures individuelles y sont fléchis, comme dans le sommeil ou comme le fœtus dans le ventre maternel : Shanidar en Irak (Solecki, 1963), Techik-Tass en Ouzbékistan (Okladnikov, 1949), Amud et Skul en Israël (Tillier, 1988). L'analogie avec une personne endormie ou en gestation semble intentionnelle, comme pour signifier qu'elle va vers une nouvelle vie. La grotte, où sont déposées les sépultures, constitue comme une deuxième couverture. Souvent, des restes d'animaux y sont associés : cornes de bouquetins, ramures de cerfs, mâchoires de sangliers. La valeur symbolique de ces dépôts annexes s'impose car ces fragments osseux comportent peu de viande consommable. Ce sont des effigies du monde animal, des images réalistes de certaines espèces investies d'une signification mythique.

On constate aussi des assemblages de sépultures superposées, comme si la grotte, à certaines époques, était uniquement dédiée à la célébration de la mort. C'est le cas de Shanidar, qui contient une dizaine de corps déposés successivement (Solecki, 1963). Cette grotte, haut perchée, visible de loin, était sacralisée par cette fonction et cette disposition. En Israël, la dédicace est la même pour les grottes d'Amud et de Skul. Les corps pliés y sont superposés sans jamais se mêler au fil du temps : la fonction rituelle était continue et homogène. Symétriquement, la terrasse de la grotte de Qafzeh (Israël) contenait une série de sépultures dont les corps sont fléchis mais séparés les uns des autres, dont on avait donc délimité l'emplacement en surface. Cet espace, déjà spectaculaire par sa disposition, semble dédié à la seule fonction funéraire. Il installe ainsi la mort des membres du groupe de façon permanente et visible dans l'espace social autant que dans le paysage offert à la vue de toute la communauté.

La relation à l'espace domestique est plus nette encore en Crimée, sur le site de Zaskalnaya au fond d'un vallon ouvert qui possède plusieurs abris naturels bordant une aire centrale. L'un des abris-sous-roche contient les sépultures de cinq individus. Les autres abris, comme l'aire centrale, sont consacrés aux activités domestiques (Kolossov, 1983 ; Chabai, Richter et Uthmeier, 2005). Une sorte de « village néandertalien » y avait donc été établi dans lequel la mort faisait partie du quotidien. Pourtant, la Crimée contient aussi des sépultures isolées en position allongée (Kiik-Koba, Starossélié). Cette péninsule connaît d'ailleurs une tradition culturelle extrêmement particulière et riche, l'Akkaien, à mettre en relation avec ces gestes funéraires élaborés.

Dans le Périgord, une concentration de sites autant que de rituels spécifiques et variés manifestent des rapports à la mort diversifiés, attestant la richesse culturelle de cette région où les populations néandertaliennes ont exprimé des aspirations métaphysiques stables et puissantes – celles qui pouvaient justifier une telle persistance à long terme de ces populations. La sépulture néandertalienne la plus anciennement reconnue comme telle en France provient de la Corrèze au tout début du XXe siècle à La Chapelle-aux-Saints (Bouyssonie et Bardon, 1908). Cette fouille cruciale a connu un retentissement remarquable car elle a apporté, en France, la preuve de pratiques funéraires chez les Néandertaliens. Là aussi, il s'agissait d'un site consacré : la salle largement ouverte ne contenait que cette sépulture placée dans une fosse centrale. Tous les indices convergeaient : le creusement intentionnel, la protection du défunt, l'orientation de la sépulture et l'absence d'habitat. Il fallait bien ça, à l'époque, pour convaincre les archéologues de l'existence d'un comportement religieux chez les Néandertaliens. Néanmoins, les débats persistent encore parfois à ce sujet. L'emplacement semble d'autant plus sacré que les fouilles récentes ont retrouvé des restes dispersés d'autres individus antérieurs, perturbés par l'ultime inhumation soigneusement préservée.

En Dordogne, des sépultures d'enfants témoignent d'un soin particulier avec des objets rapportés et des dalles de couverture, particulièrement à La Ferrassie et au Moustier (Rowlett et Schneider, 1974). La mort à un âge inhabituel semble avoir suscité des réponses rituelles spécifiques et des constructions plus élaborées que pour les adultes.

Au site de La Ferrassie, sous un vaste surplomb rocheux, un véritable ensemble funéraire est d'autant plus évident que cet espace dégagé ne possède pas d'autres traces. Les niveaux supérieurs ou inférieurs sont chargés de déchets domestiques, mais celui-là ne contient que des constructions symboliques. Outre les sépultures, des fosses vides, des monticules et une dalle gravée de cupules y étaient organisés sur une seule surface (Peyrony, 1934).

Parmi la petite centaine de sépultures connues chez les Néandertaliens, de l'Atlantique à l'Asie centrale, certaines sont parfois regroupées en de véritables « cimetières » où les dispositions variées des corps traduisent les différences de rituels. Les dépôts animaux trahissent cette relation trouble à la vie animale dont le destin de l'homme se rapproche dans la mort. La protection des défunts devait correspondre au souci de réserver une condition privilégiée à certains membres du groupe, disposés de façon ostentatoire à la vue perpétuelle des membres de la communauté des vivants dans un espace socialisé. Une véritable métaphysique de la vie et de sa signification était dès lors exaltée par rapport au monde des vivants et dans un espace public probablement resté visible à tous.

Les temples et la régénération des mythes

Les diverses catégories d'activités rituelles (trophées, crânes, sépultures) impliquent l'existence de lieux où se déroulent leurs performances. Ces espaces délimités assurent la liaison entre la ferveur humaine et la nature à laquelle elle s'adresse au travers de ces vestiges. Cette délimitation n'est pas toujours matérialisée mais elle s'impose pour les rituels par lesquels les mythes se régénéraient et devenaient « vrais ». Destinés à la communauté, ces lieux doivent être vastes et spectaculaires : leur existence matérialise l'abstraction éphémère du récit mythique (Eliade, 1965). Même dans les phases récentes, ces espaces sacrés s'opposent aux fonctions domestiques par leur localisation : en dehors des cités, les forêts font office de temples autant chez les Celtes, les Germains ou en Afrique noire. Dans tous les cas, la forme circulaire s'impose spontanément car elle incarne le cosmos et la voûte céleste étoilée. Les foyers y sont associés car ils matérialisent le passage d'un état à l'autre, du feu aux cendres, de la lumière à la fumée qui s'en élève (figure 21).

En archéologie paléolithique, de telles structures existent même si leur signification n'a pas souvent été perçue de cette façon. Le dogme d'une société néandertalienne primitive, errante, incohérente persiste avec d'autant plus de force que ce mépris malencontreux nous autorise à placer la nôtre sur un socle majestueux et inaccessible,

Figure 21. Temples

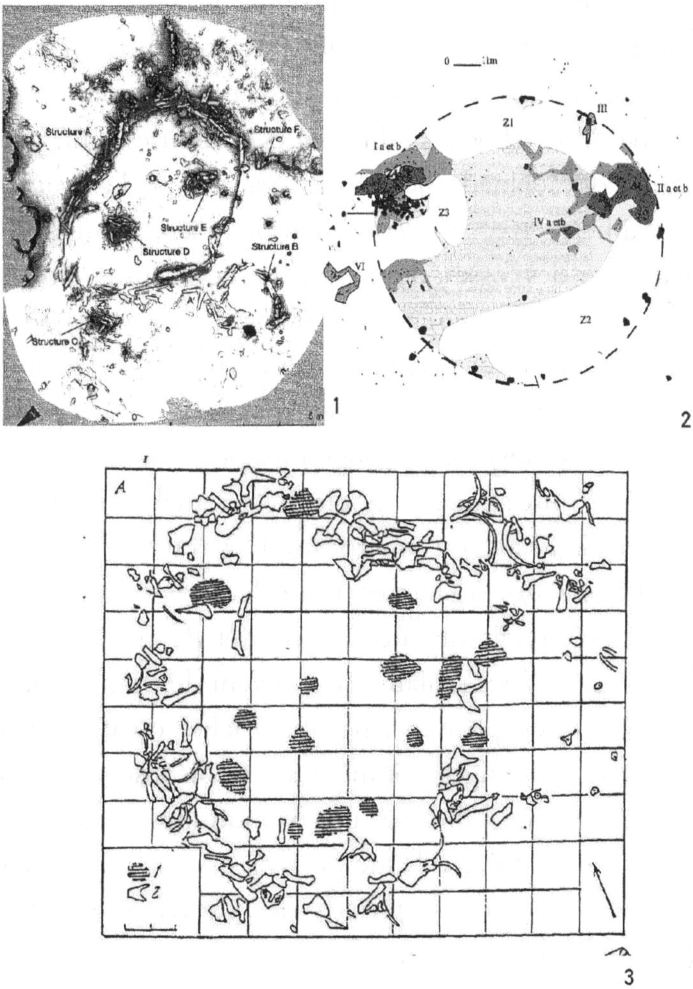

1. Molodova (Tchernysch, 1961, 1982). 2. Bruniquel (Jaubert *et al.*, 2016). 3. Poitiers, La Folie (Bourguignon, 2002). Des espaces intentionnellement dégagés, de forme circulaire, présentent des foyers internes et des traces de couchages ou de colorants. Ces espaces suggèrent la concentration d'activités spécialisées, comme la célébration de cérémonies. Les rares outils qu'ils contiennent ne peuvent pas correspondre à des rejets d'habitats prolongés.

comme si les Néandertaliens ne disposaient pas vraiment de conscience dans toute la puissance de cette expression !

Pourtant, nous avons vu les terrasses consacrées aux défunts étendues devant les grottes : ces lieux ont été respectés comme tels car les différentes structures sont restées séparées. L'esplanade de La Ferrassie en est l'exemple le plus explicite avec une combinaison d'agencements élaborés, dont des fosses, des sépultures et des monticules. Il est évident que l'orientation principale des mythes qui s'y renouvelaient touchait à la liaison entre la vie et la mort. Cette fonction, qui s'exerçait sous un large auvent protecteur, s'est prolongée assez longtemps pour qu'aucune trace d'activités domestiques n'y soit mêlée, à la différence des dépôts sous-jacents ou superposés. Des traces de feu, dans lesquelles un des squelettes a été découvert, complètent la vocation rituelle du site (Capitan et Peyrony, 1909).

De vastes aires circulaires se trouvent délimitées par des restes osseux en plein-air, par des roches ou des calcites sous abris ; les vestiges eux-mêmes sont disposés en cercles. À Molodova, en Ukraine, une importante construction circulaire fut édifiée à l'aide de gros ossements de mammouths au titre de matériaux de construction. D'une dizaine de mètres de diamètre, elle comportait des dispositifs d'entrée et de sortie, et de nombreux foyers intérieurs. Une partie de la surface avait été couverte de colorant rouge, et l'ouverture était orientée vers l'est. Tout suggère une fonction rituelle pour ce type d'édifices, semblables d'ailleurs aux yourtes des chamanes sibériens actuelles. Dans le fond de la grotte de Bruniquel (Dordogne), un vaste dispositif fait de tiges brisées et agencées fut daté de 170 000 ans. Des foyers lui sont associés et la forme circulaire suggère à nouveau la relation au cosmos, doublée ici par une petite structure ovale adjacente. Aucun objet, aucun reste animal n'y fut récolté ; il s'agit bien d'une structure à vocation rituelle exclusive.

À chaque fois, associés aux foyers, ces vastes cercles dépourvus de fonctions domestiques évoquent des temples où les rituels pouvaient être accomplis, sans laisser de traces pour ce qui est des chants et les danses. Le site de Divje Babe en Slovénie, où l'on a trouvé une flûte en os, offre une belle résonance avec sa vaste salle d'entrée, comme pour favoriser le déroulement d'une cérémonie où la musique prendrait écho sur ses hautes voûtes. Les grottes ont souvent servi d'intermédiaires entre les mondes, comme l'attestent les sépultures et les gouffres où les défunts furent précipités (Atapuerca, Altamura). Mais les sites de plein-air pouvaient tout autant être édifiés pour cette fonction, comme à Molodova, mais aussi à La Folie (Poitiers) où un cercle de dix mètres de diamètre contenait des foyers et des piquets verticaux délimitant l'espace (Bourguignon, 2002). Les grandes esplanades liées aux sépultures collectives suggèrent également l'existence de temples, cette fois destinés aux cérémonies funéraires. Chaque fois, il s'agit de bâtir des emplacements suffisamment vastes pour accueillir une communauté et pour définir une vocation spirituelle qui les assemble par l'acte symbolique réalisé de façon spectaculaire et publique, comme si cette action renouvelait la puissance du mythe en le matérialisant.

CHAPITRE 5

Spiritualité et mythes

Amorcé chez les australopithèques, le fonctionnement conceptuel est totalement acquis par les populations néandertaliennes. Et une large gamme de réalisations en témoigne avec la plus claire évidence (Patou-Mathis, 2006 ; Otte, 2015). La maîtrise de la conception, donc de la réflexion, passe par le langage dont les opérations prévisionnelles témoignent amplement : chasse, habitats, techniques, par exemple. L'abstraction nécessaire à ces prévisions prouve les aptitudes néandertaliennes à l'imagination et aux rêves, cette seconde conscience. Relativement à nos aptitudes actuelles, seules les réalisations diffèrent, dictées par des systèmes de valeurs inscrits dans la tradition. Chez les Néandertaliens, le respect de ces coutumes témoigne de la cohésion des systèmes sociaux : nous en retrouvons des traditions étendues durant des dizaines de millénaires.

Le rôle des mythes

Il faut apprendre à se défaire des comparaisons avec les populations – ultérieures ou d'ailleurs –, celles qui ont utilisé les images graphiques pour illustrer leurs mythes, plutôt que les laisser vivre dans la fluidité des récits oraux, là où ils étaient spontanément nourris et entretenus comme chez la plupart des populations sans écriture (Lévi-Strauss, 1962). Les mythes, poussés par le besoin de savoir et de se rassurer des Néandertaliens, leur ont permis de vivre en sociétés organisées durant la plus longue période de l'histoire humaine. Les mythes distribuaient les fonctions et les valeurs, conférant un destin à la nature par les trophées et aux hommes par les rituels funéraires. En touchant aux lois de la vie autant qu'à celles de la roche par leurs outillages, les Néandertaliens y ont glissé un double voile de comportements forgé par la pensée. Le simple constat de l'immense longévité des Néandertaliens prouve la performance de leur métaphysique, mais des productions matérielles collatérales les illustrent tout autant. Tout se passe comme si les variations du mystère mythologique transitaient par les images d'apparence naturelle, comme les bucranes, les ramures auxquelles le destin de l'homme se trouve associé *via* leur dépôt dans les mêmes emplacements ritualisés.

Les espaces réservés à de telles performances (enclos circulaires avec foyers) montrent l'importance du message mythique et de sa revitalisation régulière afin d'assurer cette cohésion fondée sur les valeurs les plus graves : la place de la vie humaine dans le déroulement du temps et à laquelle chacun adhère, par la pensée et par le geste. Les mythes ont fonctionné selon les structures communes à toute population intégrée à la nature sauvage, en offrant une signification à tous les phénomènes non humains, conçus en analogie avec les nôtres. Les mythes expliquent alors ces liens sacrés entretenus avec les différentes formes de conscience. Cette analogie pouvait s'étendre aux êtres non vivants, comme l'orientation des tombes ou des habitats en témoigne ; comme aussi toutes les formes d'emmanchement, qui jouent avec les résistances mécaniques des matériaux combinés, de la colle à la ligature en passant par les mouvements rotatifs amorcés dans les lancements de projectiles ou d'outils. Tous les esprits issus de chaque matériau sont invités à changer de statut, végétal inclus. Ils se plient au service de la volonté intelligente imposée par le geste calculé. Toute autre existence se trouve inféodée à la pensée et est ainsi pourvue d'un statut mythique approprié.

Le sentiment esthétique s'éveille alors dans la qualité de l'accomplissement technique, tendant vers la perfection et vers son soulagement, une fois la pièce réalisée. L'élégance des produits finis, outre leur trajectoire elle-même, témoigne de cette volonté esthétique : purs éclats Levallois, bifaces harmonieux, pointes foliacées. Leur symétrie, leur finesse et leur raffinement ne sont plus que des aboutissements « gratuits » ajoutés à l'efficacité mécanique, devenue secondaire. L'esprit esthétique s'exprime dans l'adjonction de l'émotion à l'idée : voilà où l'humanité se place et voilà comment elle s'élève.

Chasse et représentations animales

Dans l'humanité, la chasse avec des fins exclusivement alimentaires n'existe pas. Dès l'éveil de la conscience, l'homme doit réduire l'animal à une chose qu'il peut ensuite consommer. La personnalité animale se trouve induite dans les mythes et les rituels bien avant toute manducation. On l'a déjà souligné, il s'agit ainsi d'autoriser le transfert de la vie d'une espèce à l'autre. La mise à mort équivaut à un sacrilège contre-nature, car elle concerne l'humanité tout autant que le gibier. Ce sacrifice n'a jamais été assumé et ce sentiment de solidarité profonde résonne tel un crime anthropophage. Dans l'élaboration de ces mythes, l'animal ingéré, pareil au vent ou au paysage, s'intègre dans des cycles d'oppositions significatives qui fondent la relation entre la pensée et la vie (Lévi-Strauss, 1962). De cette sorte, tout ossement animal répond à la fois à une partie de cette conscience mythique et s'y échappe tout aussitôt dès qu'il procède de déchets culinaires, dans lesquels sa signification s'est inversée.

Il paraît donc tout à fait excessif de réduire les interprétations des restes animaux à des motivations purement alimentaires, et moins encore à la notion de « survie » si fréquente dans la littérature populaire. La nature vivante imprègne le monde des prédateurs de façon si profonde et si subtile que les produits matériels issus de cette relation ne peuvent témoigner uniquement de la consommation de l'un par l'autre. Un tissu d'échanges symbolique s'est élaboré partout et toujours entre les chasseurs et leurs proies. Ces rapports conditionnent pour une large part les sources documentaires dont nous disposons. Les seules explications alimentaires ou techniques sont donc forcément incomplètes, voire fausses.

Voyons ce qu'en dit l'ethnologue spécialiste de la Sibérie, Évelyne Lot-Falck (1953, p. 18) : « Comment l'homme se représentera-t-il les animaux, ces êtres mystérieux à côté desquels il vit ? Simplement comme une proie, comme un moyen d'assurer sa subsistance ? Certes pas. Une telle conception matérialiste serait bien éloignée de l'esprit du primitif, qui se meut dans un monde imprégné de religiosité, où rien n'est inanimé, où tout, jusqu'aux pierres, est doué sinon d'âme à proprement parler, du moins de vie. »

Les détails archéologiques assemblés au cours des fouilles aujourd'hui éclairent une multitude d'aspects contenus dans les restes osseux et souvent soigneusement analysés : détermination des espèces, classes d'âges, distinction sexuelle, mode de fracture, poids en viande, importance en protéines, dispersion spatiale, membres représentés, traces d'incisions, de percussion, prélèvements à buts techniques, actions naturelles (Chase et Dibble, 1987 ; Patou-Mathis, 2006, 2009 ; Klein, 1969). Ces modèles interprétatifs tournent le dos à tout ce que l'on sait depuis deux siècles quant aux motivations effectivement attestées chez les peuples chasseurs. Curieusement, l'anthropologie culturelle et l'archéologie préhistorique, dans leur développement respectif considérable, se sont progressivement ignorées. Tous les cas d'observations empiriques démontrent pourtant que la préoccupation alimentaire n'était pas la seule, voire la première, motivation pour la récolte et le traitement des restes animaux. Parmi l'infinité des cas assemblés dans la littérature ethnographique, l'anecdote fait souvent place, comme en préhistoire, à des tendances universelles à valeur opérationnelle, lorsqu'on les transpose d'un contexte à l'autre, au sein de l'ensemble des sciences humaines. Mais la structure demeure : le monde vivant entre dans l'imaginaire des êtres humains avant qu'il n'y soit consommé selon des rituels particuliers, par ses chasseurs.

« Nombreuses sont les conceptions divines jusque dans les hautes civilisations où se révèlent des liens étroits entre le dieu et l'animal. Ces rapports presque formels avec l'animal ont aidé à voir dans les conceptions totémiques l'un des phénomènes importants de l'histoire humaine, et l'on a vu dans les chats de Freyja, dans la louve du mythe de Romulus et Remus, et dans beaucoup d'autres relations entre Dieu et animal, des symptômes totémiques. Ainsi, dans tout ce qu'on sait des peuples chasseurs, les relations entre l'homme et l'animal prennent une extrême importance ; elles montrent que l'homme primitif a vu le divin surtout sous forme de l'animal. Les animaux que l'on chasse sont comme des êtres humains mais plus sacrés, disent les Indiens navaho » (Jensens, 1954, p. 179 et 181).

Abondance versus *subsistance*

Même si l'on s'en tenait exclusivement à la fonction alimentaire quant aux rapports entre l'homme et l'animal durant le paléolithique moyen, l'étude des chasseurs contemporains prouve l'aisance atteinte par une prédation occasionnelle.

L'apport d'une chasse sélective et limitée à une alimentation largement végétale ne représente guère d'investissement en temps ou en énergie (Sahlins, 1972). Au contraire, la signification sociale de la chasse lui donne une importance cruciale – par exemple afin d'illustrer la bravoure ou l'astuce dont il faut témoigner, définir le rang occupé au sein du groupe ou conforter les rapports profonds entretenus avec la nature.

La notion de « paradis terrestre » correspond assez bien aux modes de vie harmonieux menés par exemple chez les Bochimans (Page, 1941), les Pygmées (Schebesta, 1957), les Sibériens (Lot-Falck, 1953) ou les Esquimaux (Malaurie, 1976). Les tensions intérieures n'y proviennent pas de carences alimentaires carnées et la notion de subsistance n'y prend guère de sens dès que l'équilibre est assuré entre un milieu et un mode de vie. Précisément, ces choix culturels opérés parmi tous les autres possibles constituent la signature particulière que les archéologues devraient s'efforcer de définir, en l'absence de notions limites qu'implique l'emploi du terme « subsistance ».

Pour ce qui concerne le paléolithique moyen, les centaines de millénaires traversés avec succès par l'homme prédateur démontrent brillamment son aptitude adaptative à la variété infinie présentée par les milieux naturels selon les temps et les espaces immenses. Si l'on comparait notre mode de vie actuel, intempestif, dilapidateur et anxieux, à celui du paléolithique moyen, quelles chances de subsistance pourrions-nous garantir, ne fussent que durant le seul millénaire à venir ? Assurément, cette notion de subsistance, vexatoire pour un chasseur d'aujourd'hui qui s'abstient d'altérer la nature plus que de besoin, est aussi impropre à l'homme paléolithique qui a fait la preuve, des centaines de milliers de fois, de son aptitude à gérer les ressources tout au long de l'année, quelles qu'elles fussent potentiellement. Pas plus que la notion d'alimentation ne peut définir convenablement la relation entre l'homme et l'animal, celle de subsistance ne rend compte d'ethnies si durables, si complexes et si variées. L'animal et la chasse participent à la fois à un jeu subtil entre l'homme et sa société et, par ailleurs, l'approvisionnement alimentaire touche de tout autres registres que la « macrofaune » surreprésentée dans les témoignages archéologiques (Delluc, 1995).

« Chez les Quiché du Guatemala, c'est un crime contre les dieux de la montagne qui veillent au centre de la terre sur les bêtes et connaissent leur nombre, de les tuer par malice. Le "seigneur des animaux" est le protecteur du gibier ; mais en même temps, il amène le plus souvent le gibier au chasseur, et en général détermine les rapports entre le chasseur et sa proie, car sans lui aucune chasse ne serait fructueuse. Ce qui importe, c'est d'abattre les animaux avec modération et de se conformer aux nombreuses règles dont le mépris offense la morale religieuse. Beaucoup de ces prescriptions concernent la résurrection des animaux tués. Celle-ci est l'œuvre de leur seigneur divin. Elle seule rend possible le constant renouvellement du gibier pour les chasseurs » (Jensens, 1954, p. 156).

CHAPITRE 6

Les capacités cognitives des Néandertaliens

Une mise au point s'impose quant aux « aptitudes » disponibles chez les Paléolithiques pour la prédation animale. D'innombrables études ont illustré l'aptitude à la prévision, déjà constituée au paléolithique ancien, par exemple au travers des différentes matières lithiques exploitées et déplacées (Roebroecks *et al.*, 1995). Qualités mécaniques, distances d'approvisionnement et méthodes techniques apparaissent judicieusement associées afin de rencontrer les exigences fonctionnelles les plus courantes. Ici, de nouveau, il ne s'agit pas de champs limites, ni dans les aptitudes ni dans les prévisions, mais de réalisations, inscrites dans ces champs possibles, par ailleurs très vastes. Nous observons donc des choix avec leurs conséquences matérielles et non des contraintes dues aux incapacités.

Les aptitudes à la symbolisation sont manifestées par la récolte d'objets curieux : fossiles, minéraux, colorants. La conceptualisation, induite par les enchaînements de gestes intégrés et systématiques, s'affirme aussi par les notations sous forme de stries ou d'encoches (Marshack, 1991). L'ensemble de ces comportements, reproduits, transmis, perfectionnés, requiert en outre l'utilisation du langage et de l'expression abstraite (Hayden, 2008).

Organisation, prévision, solidarité

Transposées dans le domaine de la prédation, ces aptitudes, centrées sur l'organisation, la prévision et la solidarité, rendaient donc potentiellement accessible toute forme de chasse, de piégeage ou de pêche. Pour une période aussi vaste et aussi riche que le paléolithique ancien européen, il ne s'agit donc plus d'explorer ce qui paraissait possible alors, car tout semble l'avoir été, mais bien quel procédé fut réellement retenu, choisi, utilisé parce qu'il était en harmonie avec les conceptions morales dominantes autant qu'avec les autres composants du mode de vie contemporain.

« Le chasseur regarde l'animal au moins comme son égal. Il le voit chasser, comme lui, pour se nourrir, lui suppose une vie semblable à la sienne, une organisation sociale du même modèle. La supériorité de l'homme s'affirmera seulement dans le domaine technique, où il apporte l'outil. Dans le domaine magique, il attribuera à l'animal une force non moindre que la sienne. D'un autre côté, l'animal est supérieur à l'homme par un ou plusieurs caractères : par sa force physique, son agilité, la finesse de son ouïe et de son flair, toutes qualités que le chasseur appréciera » (Lot-Falck, 1953, p. 19).

Diverses traces suggèrent la variété dans la composition de la nourriture paléolithique. D'un régime probablement frugivore, comme pour la plupart des autres primates, la tendance à l'alimentation carnée a dû se développer au fur et à mesure que s'affirmait l'emprise, par la conscience, sur le monde animal, en même temps aussi que la solidarité du groupe s'établissait dans tous les modes d'expression sociale. L'immense majorité des peuples primitifs sub-actuels utilisent largement les aliments d'origine végétale dont la diversité est infiniment plus grande que ceux finalement cultivés par les Néolithiques (Keeley, 1993). Les analyses isotopiques montrent en outre la complémentarité avec les ressources marines, également confirmée par l'usure dentaire (Power *et al.*, 2018 ; Lippi *et al.*, 2023). Durant la phase glaciaire rigoureuse, la partie animale dans l'alimentation semble au contraire s'amplifier (Bocherens *et al.*, 1997). Cependant, cela correspond aux conditions climatiques sévères avec un faible apport de végétaux consommables. Il semble en tout cas avéré qu'une consommation exclusive de viande soit à la fois contraire aux pratiques des prédateurs et, à terme, fatale pour le groupe qui suivrait cette pratique (Speth, 2004).

La mentalité primitive n'établit pas de distinction nette entre le monde animal et l'humain. Tout être participe à la même existence, exprimée sous différentes formes. Les relations profondes et complexes tissées entre les différentes expressions d'un univers global varient infiniment selon le contexte mais elles ne sont pas des gestes gratuits. Ce sont plutôt des échanges qui demandent une justification et un rituel préalables. Inversement, les sacrifices animaux dont les traces osseuses subsistent ne sont pas nécessairement liés à l'alimentation. Outre les nécessités techniques évidentes (peaux, bois, défenses), il peut s'agir d'animaux fétiches dont on conserve certains membres en réponse à une contrainte d'ordre religieux ou traditionnel (animaux totems ou maîtres des animaux).

Le choix porté vers certaines espèces pour acquérir de la viande correspond à celles dont le chasseur veut intégrer les qualités. Par exemple, le lièvre sera évité afin de ne pas communiquer sa timidité. En Colombie-Britannique, les interdits alimentaires concernent les animaux qui n'ont pas de totem (Lot-Falck, 1953, p. 35). Les espèces ne sont jamais abattues au hasard mais correspondent à des sacrifices rituels. Dans ces sociétés en équilibre avec la nature, les animaux-totems sont considérés comme des êtres de nature divine. Les animaux réels qui leur correspondent sont des apparitions terrestres des dieux, spécialement l'ours (dont le nom signifie « dieu » en langage aïnou). Leur mise à mort correspond à une action sacrée : le dieu entre alors dans la maison des hommes ; la fourrure et le squelette de l'animal sont des offrandes qu'il a apportées (Jensens, 1954, p. 161-162). Aucune espèce n'est abattue, ni surtout consommée au hasard des opportunités, il s'agit toujours d'un choix, posé par rapport à un récit mythique, assorti des rituels destinés à leur régénération.

« Il fallait également traiter avec égard l'animal qu'on chassait [...]. À l'ours vivant, avant de lui décocher une flèche, on adressait un petit discours amical afin de le persuader de ne pas résister [...]. Souvent, on essayait même de se disculper auprès de l'ours tué » (Chnirelman, 1988, p. 9).

C'est le rapport entre l'état des ossements, leur situation et l'espèce consommée qui peut conduire, éventuellement, à une telle explication de nature métaphysique. Le cas de l'ours, évoqué ci-dessus, semble appartenir à ce genre, très répandu.

L'élément naturel est donc omniprésent et omnipuissant dans la pensée primitive. Le destin des hommes est solidaire du milieu naturel dont il est imprégné et les animaux occupent le rôle intermédiaire de représentants de ces esprits. Leur mise à mort et leur consommation sont donc des affaires qui touchent aux matières religieuses et au domaine du sacré. On ne peut perturber cet équilibre sans de strictes précautions, dont les traces archéologiques témoignent.

Parmi d'autres témoignages (évoqués plus loin), une belle illustration de ce phénomène au paléolithique est fournie par les sépultures moustériennes. Tandis que le destin de l'homme, protégé des prédateurs par la fosse et son comblement, se distingue de celui de l'animal transformé en viande (Otte, 1993), la connotation animale est donnée par certains restes osseux significatifs : encornures, ramures, os longs, mandibules de diverses espèces désignent le règne animal dans les sépultures (voir figure 19). Ces restes ne peuvent être tenus pour un viatique, car ils sont pour la plupart dépourvus de viande consommable. Ils désignent une espèce animale particulière, comme on le ferait sur un mât-totem des Indiens du Nord-Ouest.

Le rôle moteur de la chasse dans l'évolution

Le statut actuel de la chasse a gardé sa valeur symbolique, désignant vaguement un statut aristocratique, sinon de noblesse, dont certains usent encore à défaut d'autres capacités plus authentiques ou gratifiantes. Dès le Moyen Âge, la chasse, comme la guerre, possédait un statut privilégié d'autant plus qu'elle était devenue superflue. Le droit au prélassement oiseux était ainsi un privilège manifestant, faute de mieux, la distinction de rang.

Avec plus d'humilité, les peuples primitifs accordent toujours un statut social particulier au chasseur et à son acte. Dans le prolongement des aspects « gratuits » de la chasse (importance des aliments végétaux), le prélèvement d'une espèce vivante en faveur du groupe humain s'opère au nom de la communauté dans le respect des règles religieuses. Il s'agit tout autant d'un acte de courage individuel que d'assimilation sociale. Les contraintes de nature religieuse s'assortissent donc de la répartition des fonctions internes au groupe afin d'en équilibrer la composition hiérarchique.

Dans cet esprit, en tenant compte du basculement originel évoqué plus haut entre les régimes frugivores et carnivores de l'humanité, il n'est nullement nécessaire d'imaginer un stade intermédiaire représenté par la consommation de charognes, laissées par les animaux prédateurs, comme on l'a souvent supposé. L'alimentation originelle et fondamentale était de nature végétale ; la conquête, la mise à mort et la consommation d'animaux proches de notre condition étaient gouvernées par l'emprise métaphysique (surmonter la nature redoutable), religieuse (délégation de ce pouvoir au nom des hommes) ou sociale (recherche de la considération et du statut impliqué). La banalisation de ces actes, graves au départ, dut attendre la constitution d'un cheptel domestique au néolithique, sorte de stockage vivant, pour aboutir aux « hamburgers » contemporains où l'animal a perdu toute valeur, toute forme, voire toute saveur !

En ce sens précisément, la chasse néandertalienne a joué un rôle moteur dans l'évolution (Wilson, 2003 ; Otte, 1996). Non seulement elle a affermi la solidarité du groupe par les « tests d'excellence » qu'elle implique, mais en outre elle proclame et rappelle la distinction entre le monde animal et le monde humain par l'emprise ritualisée de l'un sur l'autre. La chasse réussie est la consécration dramatique et spectaculaire de la maîtrise humaine sur le monde sauvage ; sa faillite serait redoutable et mettrait en cause le destin du groupe agissant au nom de la communauté humaine.

« Pour faire bonne chasse, il fallait apaiser les esprits auxquels rien n'échappait, suivre à la lettre leurs injonctions et interdictions. Les préparatifs de la chasse se déroulaient dans le plus grand secret : on ne devait ni en parler, ni prononcer le nom d'espèce du gibier qu'on allait traquer » (Chnirelman, 1988, p. 9).

Le chasseur doit être « purifié » avant son départ, débarrassé de toute souillure, car il part, au nom des hommes, à la conquête de la vie pour sa communauté. La chasse requiert des précautions de passage d'un monde à un autre : on ne chasse pas pour soi seul car il s'agirait d'un acte posé contre les esprits naturels (Lot-Falck, 1953, p. 141).

Mise en scène

L'organisation de la chasse s'effectue à l'intersection des connaissances sur le comportement animal, de la définition des règles religieuses et de la nécessité de renouer la cohésion sociale. Par des actes prédictifs et convenus, fondés sur le comportement animal supposé, la chasse distribue les rôles, coordonne les actions individuelles et accomplit ainsi un acte sacrificiel collectif et spectaculaire. Il s'agit d'une cérémonie en grandeur naturelle dont la tauromachie forme l'avatar contemporain, par délégation du groupe au toréador.

Les témoignages ethnographiques rendent compte des rituels préparatoires à une telle entreprise où il convient de s'assurer de la complaisance des esprits naturels et de leur acceptation. La forêt ou le milieu où s'opérera le prélèvement doit être « ouverte » préalablement à toute violation de son intégrité.

Dans un contexte archéologique, il importerait donc de distinguer ce qui fut prélevé dans le biotope naturel plutôt que d'amalgamer les gibiers de toutes espèces puis d'en déduire un prélèvement « opportuniste ». Si la liste faunique restitue des milieux écologiques variés, c'est peut-être moins que les Néandertaliens appréciassent les promenades salubres qu'ils n'étaient tenus d'opérer un choix dans chaque milieu considéré. Sans imaginer pour autant qu'une règle constante ait prévalu à travers ces millénaires, pour le choix de telle ou telle espèce, l'attestation de ces anomalies (absence d'espèces attendues) dans un contexte particulier peut ouvrir la voie à de telles interprétations. Quand le cadre naturel est connu, on peut le comparer aux choix effectués par les Néandertaliens. Une approche moins naïve du jeu des sélections (« paysages en mosaïques », « biotope varié ») pourrait en résulter.

« De caractère quelque peu différent, le culte des montagnes, chez les Altaïens, est, avant tout, un culte territorial de caractère clanique. Sous la juridiction de la montagne sacrée s'étend un territoire de chasse nettement délimité, parcouru par un groupe donné » (Lot-Falck, 1953, p. 59).

Pour le peu que l'on en sache, les méthodes d'abattage au paléolithique moyen privilégiaient les armes d'hast (épieux tenus à la main) : d'innombrables microtraces laissées sur les outils de pierre indiquent leur emploi dans la confection d'armes en bois. Les quelques véritables « armes » retrouvées sont de ce type (Clacton, Lehringen) et l'abondant outillage de pierre moustérien attend toujours la démonstration de son emploi, fût-il partiel, comme tête d'armature (lances ou épieux). Tout autre procédé, théoriquement compatible avec la technologie avérée, a pu par ailleurs exister sans nous en laisser de témoignage :

lacets, pièges, arcs. En revanche, le mode de propulsion des sagaies légères semble bien, lui, entrer dans le monde particulier du paléolithique supérieur.

Incidemment, les Pygmées pratiquent la chasse à l'éléphant en utilisant des armes d'hast, qu'ils enfoncent dans la panse de l'animal ou dont ils se servent pour lui couper les jarrets, tandis que les autres populations africaines ont plutôt recours à des pièges. Les Pygmées disposent aussi de l'arc, qu'ils utilisent accessoirement pour d'autres prédations. Ici encore, les rituels de préparation et de distribution sont élaborés, impérieux et complexes (Schebesta, 1957, p. 95).

L'emploi d'armes d'hast implique un contact étroit avec l'animal qu'il s'agit de combattre au corps-à-corps dans une joute physique et morale. L'animal perd son sang et sa vie dans les mains mêmes de son rival qui a choisi de le vaincre. Rien de tel dans un lancer de sagaie qui frappe au loin un animal quelconque du troupeau, lequel s'en va mourir d'épuisement. Le contact direct implique totalement le chasseur qui assume la mort, tel un toréador, face à sa victime. Les modes d'abattage n'étaient donc pas si anodins et d'abondants témoignages insistent sur l'adéquation requise entre les techniques de capture et la victime visée. Certaines interdisent l'emploi de pièges, d'autres d'armes tranchantes. Selon le cas, on doit assommer le gibier et l'écoulement de sang est prohibé (Leroi-Gourhan, 1983) ; d'autres exigent d'arrêter le cœur sans altérer le pelage (Lot-Falk, 1953). Autant d'exemples, parmi beaucoup d'autres, qui interdisent la généralisation d'une méthode propre à un groupe ou à une espèce, mais qui sont plutôt des reflets de règles souvent à vocation religieuse ou traditionnelle qui imposent, davantage que tout déterminisme technique, un comportement sans autre valeur que de reproduire sa propre existence au sein d'un groupe.

Les armes utilisées correspondent à des composantes traditionnelles, elles ne peuvent être modifiées que très lentement. Les animaux, comme l'esprit de la nature, n'accepteraient pas facilement des modifications entre chasseurs et gibiers : il s'agirait d'une modification du code de la chasse. Chaque espèce requiert un mode d'abattage spécifique, sans lequel on risque de déroger aux rapports à la nature (Lot-Falck, 1953, p. 156).

Les espèces choisies comme gibiers

Les différentes espèces reconnues parmi la faune des sites paléolithiques sont souvent mentionnées dans des considérations vagues sur la spécialisation ou, au contraire, l'opportunisme de la chasse. Les plus triviales de ces considérations se limitent à déceler l'impact des modifications climatiques sur la chasse. Il est vrai, par exemple, que les restes de kangourous sont absents dans les sites pléistocènes européens et donc que les gibiers présentaient un certain « rapport » avec la faune disponible. Une fois ces constatations acquises, il reste à expliquer le *choix* des espèces prélevées par l'homme dans les différents environnements où il vécut.

Il nous semble que l'accumulation simple de ces listes fauniques ne fait guère progresser le sujet et que, par ailleurs, les sites pléistocènes considérés, séparés par des milliers d'années, risquent de ne pas livrer des règles culturelles constantes, mais plutôt des tendances, elles-mêmes comparables à celles des peuples primitifs contemporains. Tout comme aujourd'hui où les porcs ne sont pas consommés par les musulmans et les chevaux guère prisés en Occident – en opposition à la dinde de Noël –, la littérature ethnologique abonde en exemples d'animaux, très souvent non consommés par « son » groupe, qui peuvent au contraire être abattus occasionnellement selon un rituel particulier, restitué par les restes osseux (voir ci-dessous). Il ne s'agit donc pas de reconstituer une prédation « tous azimuts » qui s'attaquerait à tout ce qui est accessible et consommable selon la technologie disponible ou l'intensité des phénomènes migratoires. Certaines espèces sont combattues simplement pour tester le courage et la force d'un jeune membre du clan. La chasse porte alors sur des animaux redoutables, généralement non consommés ensuite (ours, lion) et dont les restes (sauf la tête) sont presque intégralement conservés (Leroi-Gourhan, 1989, p. 83). L'exemple de Biache-Saint-Vaast où les restes d'ours se trouvent concentrés en abondance pourrait illustrer de telles situations au paléolithique.

À l'intérieur d'un contexte archéologique donné (« ensemble clos »), on peut estimer le jeu de ces facteurs en étudiant les modes de variation des choix dominants. La confrontation des données issues de sites installés dans des environnements analogues ou disposant de positions topographiques semblables peut être fructueuse à cet égard (Chase et Dibble, 1987). Par exemple, dans un même contexte, une partie du gibier reflète simplement la topographique locale et justifie peut-être précisément le choix de cet emplacement : bouquetins et chèvres sauvages rendent compte du paysage environnant. Ensuite, cerfs et chevreuils, par opposition aux rennes, marquent les fluctuations climatiques au même emplacement selon les périodes au sein des cervidés. Cependant, l'opposition, en masses caloriques ou en nombre de restes entre, par exemple, bovidés et cervidés quelle que soit la période, reflète un choix culturel qui indique la préférence du groupe soit pour l'un soit pour l'autre, et révèle une partie de ses règles sociales, non de la providence offerte par la nature. Les analogies entre les ensembles fauniques archéologiques dans chaque régularité et chaque dominance sont porteuses d'un sens propre qu'il s'agit d'approcher en comparant les facteurs pertinents : paysage, climat, opérations techniques, milieu écologique, choix culturel. La globalisation de l'approche faunique noie la pertinence des informations.

Classes d'âges et répartition sexuelle

Des règles rigoureuses prévalent pour le choix d'individu au sein d'une « population cible » désignée d'abord par le choix de l'espèce. Selon les saisons et les clans, des classes d'âges sont choisies par les chasseurs primitifs, moins en fonction de considérations économiques ou de facilités de chasse que par souci du respect des règles religieuses et sociales. En matière archéologique, les observations de ce type sont fréquentes, assorties d'interprétations souvent fondées sur des considérations de rentabilité purement contemporaines. À Zwollen (Pologne), les chevaux, chassés en grand nombre, appartiennent aux classes âgées ou jeunes (Gautier, 1989). Inversement, les chasseurs de l'Arago se sont orientés vers les animaux adultes. Rien ne permet d'expliquer ces choix par un souci de rentabilité. La détermination des saisons d'abattage ne rend pas d'avantage compte de ces variations d'âge, traversant toutes les périodes de l'année. Les relations ternaires entre la tranche d'âge, les animaux les plus charnus et les saisons d'installation ou de migration ne rencontrent pas les explications de rentabilité ou d'efficacité de la chasse. Les véritables motivations à valeur symbolique semblent obscures, incohérentes, inaccessibles.

« Mais, précise la légende, le renne avait recommandé aux hommes d'épargner les femelles et les animaux de tête des troupeaux en automne, faute de quoi il n'y aurait plus de chasse au renne sauvage » (Chnirelman, 1988, p. 9).

La mise à mort constitue l'essentiel dans l'ensemble des cérémonies. Les sacrifices d'animaux impliquent la consommation de leur chair et l'offrande de certains morceaux à l'être divinisé dans la nature. La mise à mort est destinée au maintien de l'ordre du monde (Jensens, 1954).

Partage et fragmentation des proies

Les règles de partage sont plus diverses encore, et tout aussi coercitives que celles du choix de l'espèce. Elles subissent une puissante influence sociale et assurent la cohésion du groupe par les modes de redistribution hiérarchisés et complexes. Selon les ethnies, les partages s'opèrent entre le chasseur, le propriétaire de l'arme, celui qui a débusqué le gibier, les notables, les membres de la famille et du clan. Souvent, en outre, une partie définie des restes doit être restituée à la nature ou exposée publiquement au village. Les têtes des chiens, des chevaux ou d'aurochs sont ainsi exposées et ne pourraient donc pas accompagner les restes alimentaires en cas d'enfouissement sédimentaire. Ces partages expliquent peut-être les différences observées entre les décomptes d'individus retrouvés sur les sites et les divers fragments du squelette qui les représentent.

Ces modes de fracturation présentent une cohérence mythologique dans les populations chasseuses actuelles.

« Ainsi, chez de nombreux peuples d'Eurasie septentrionale et d'Amérique du Nord, était-il interdit de fracturer les os et le crâne des principaux animaux de chasse. On les emportait loin dans la forêt où on les accrochait à un arbre, croyant que cela pouvait rendre la vie à l'animal. D'autres reconstituaient complètement le squelette de l'ours après l'avoir mangé et accomplissaient tout un rituel avant de l'emporter dans la taïga » (Chnirelman, 1988, p. 10).

« Ainsi, si quelqu'un chasse avec une lance ou un arc emprunté, la bête abattue appartient au propriétaire de l'arme, qui se contente de récompenser le chasseur. Ce n'est pas non plus celui qui a tué la bête qui possède le plus de droits sur elle mais celui qui l'a blessée le premier.

Le tireur a droit au râble et aux pattes de derrière, le chef de chasse, au dos ; et le chien, c'est-à-dire son propriétaire, à la tête et au cou. Ce qui reste est partagé entre l'ancien de la parentèle et les autres chasseurs » (Schebesta, 1957, p. 156).

Les répartitions spatiales de ces restes osseux évoquent, sous une autre forme, les règles de partage. Les valeurs exprimées dans la représentation d'une espèce selon son emplacement illustrent la dynamique qui prévaut dans les procédés de partage : découpe, transport puis distribution des membres se trouvent figés dans l'espace aux endroits mêmes de leur consommation. Techniques de boucherie de désarticulation, de découpe et de traitement des os respectent les mêmes contraintes culturelles. Celles-ci ne s'appliquent pas seulement aux ressources alimentaires, mais aussi aux produits à usage technique ou commercial, pour les échanges intertribaux (poils, ivoire).

Dans les peuples subactuels, on observe des modes de répartition des produits de la chasse sous une forme réglementée : soit entre le groupe des chasseurs, soit au sein de leur communauté. La hiérarchie place parfois celui qui a repéré le gibier au-dessus de celui qui lui a porté le coup mortel. Chez les Sibériens, la viande est davantage bouillie que rôtie car l'animal peut alors ressusciter et ses ossements restent intacts (Lot-Falck, 1953, p. 187).

CHAPITRE 7

Unité et diversité européennes

Ces quelques pages ne font qu'effleurer l'immense durée des temps néandertaliens sous-jacente à l'information archéologique traditionnelle et matérielle. Il nous paraît que l'explication de la chasse pour des raisons nutritionnelles doit convoquer *a minima* les comportements religieux et sociaux que suscite en tout chasseur l'abattage d'un animal. Les proportions entre espèces ou membres, les choix opérés, les saisons d'abattage ou les irrégularités de préservation ont toutes chances d'être au moins aussi souvent l'effet de telles traditions, liant l'homme à la nature, que le reflet d'un simple souci alimentaire. À notre sens, c'est par comparaison, entre les ensembles, entre les milieux écologiques ou entre fragments représentés, que l'on peut approcher ces comportements dans des contextes paléolithiques.

L'approche globale, confondant tous les milieux et toutes les espèces, dissimule selon nous davantage le choix opéré par les archéologues dans les aptitudes à la chasse plutôt que les orientations décidées collectivement par les chasseurs. Il semble aussi avéré que les fonctions métaphysiques (surmonter la nature sauvage) ou sociales (installer un jeune homme à son rang) aient d'abord prévalu pour l'existence même de l'abattage et de la consommation animaux. Le primate frugivore s'est mué en carnivore, *contre* sa propre nature, volontairement et dans un esprit mythique, recherchant la démonstration de son emprise sur ce monde, si semblable à lui-même qu'il nécessite sacrifices, rituels et compensations symboliques pour ne pas l'altérer impunément. Des traces de cette audace « contre nature » se retrouvent aujourd'hui dans la corrida, tandis que notre goût pour la nourriture carnée (restée par ailleurs inutile) s'est désacralisé par l'élevage (nourriture produite), puis par la charcuterie, où l'animal perd toute forme. L'animal est en nous et, s'il faut l'abattre, il faut d'abord l'extérioriser en le dissimulant, tel un hamburger, ou en le ritualisant, tel un taureau dans l'arène.

En ethnologie, on observe des emplacements sacrés, dispersés dans les forêts ou sur le territoire d'un groupe ethnique. Les restes d'animaux chassés y étaient assemblés, suspendus ou entassés dans un ordre rigoureux. Tout porte à croire que de tels amas répondaient à l'espoir de ramener ces animaux à la vie (Lot-Falck, 1953, p. 214).

Évolution historique

À partir d'environ 350 000 ans, un basculement fondamental affecte les méthodes techniques dans l'ensemble du continent mais à partir de bases différentes. À l'ouest, les pratiques de l'acheuléen où dominaient les pièces bifaciales massives s'orientent désormais vers davantage d'outils beaucoup plus légers, réalisés sur éclats préparés et mis en forme de manière très élaborée selon la méthode dite Levallois. À l'est du continent, ces nouvelles méthodes furent adoptées également mais sur des traditions d'outils fondées sur l'exploitation de blocs globuleux (« choppers ») et d'éclats rudimentaires. Curieusement, l'ensemble du continent devient uniforme à partir de cette époque, que ce soit dans les domaines techniques fondamentaux (le Levallois s'impose partout) ou sur le plan anatomique (les Néandertaliens sont paneuropéens).

Dès cet instant toutefois, des entités culturelles territoriales se constituent : l'Europe se fragmente en « traditions » distinctes, qui dureront des dizaines de millénaires. Elles se distinguent les unes des autres par de nombreux aspects matériels et spirituels, comme si elles correspondaient à des traditions assumées, reconnues collectivement et transmises telles quelles par voie orale. Il devait donc exister, dès lors, des règles communes à chacun de ces groupes qui permettaient de les conserver homogènes durant ces longues périodes. Cette fragmentation culturelle, à la fois nouvelle sur le continent européen et propre à ce territoire, ne quitte pas l'Europe. L'histoire de notre continent s'amorce ainsi sous une forme autonome. Ces traditions « régionales » seront évoquées plus loin, mais dès à présent on peut observer qu'elles se fondent sur toute la gamme des pratiques techniques, sur les modes de subsistance et sur les activités rituelles. Il s'agit bien, au sens strict, de comportements sociaux codifiés, respectés et utilisés comme systèmes d'identification collectifs. De façon évidente, ces unités traditionnelles traversent toutes les phases climatiques sans interruption significative et restent liées à quelques grands territoires : les variations climatiques ne semblent pas affecter leur continuité, bien qu'elles se reflètent indirectement dans les activités menées à chacune de ces périodes.

Répartitions géographiques des traditions néandertaliennes

À la différence du paléolithique supérieur, l'ère néandertalienne découpe le territoire européen en régions culturelles, définies par des styles. Tout se passe comme si l'éducation imposait des comportements codés dans le cadre de systèmes de valeurs déterminés. Il ne s'agit pas que de techniques (nous y reviendrons) mais de l'ensemble des pratiques collectives, comme les modes d'habitat, de traitement des morts ou des rapports au monde animal, par exemple. Ces traditions s'étendent sur des dizaines de millénaires, en opposition radicale avec celles du paléolithique récent qui suivent un rythme évolutif rapide et qui se dispersent à travers tout le continent de façon relativement homogène : c'est là un processus historique au sens strict. Symétriquement, les Néandertaliens ont conçu des modes de vie si stables qu'ils ont traversé tous les environnements, les ont surmontés et s'y sont parfaitement adaptés : ils faisaient réellement partie de la nature. Nous n'évoquerons ici que quelques grandes voies culturelles à titre d'exemples significatifs et pour illustrer cette adéquation naturelle que toutes les populations sauvages entretiennent en expliquant pourquoi elles nous apparaissent si stables.

Allemagne centrale :
Saxe, Thuringe, Brandebourg

L'Allemagne centrale possède diverses traditions culturelles combinées et superposées dans son seul territoire. La principale d'entre elles et la plus caractéristique a été reconnue à Königsaue (Thuringe) par Dietrich Mania et Volker Toepfer (1973). Elle consiste en pièces bifaciales d'une extrême élégance, quel que soit le type d'objet (figure 22). Elle est représentée par des dépôts d'ossements dépecés sur place de grands herbivores tels le mammouth ou le bovidé sauvage (aurochs). Certains crânes isolés semblent suggérer l'intention de les mettre en valeur de façon ostentatoire. La parfaite conservation des matières organiques en milieu humifère a permis de découvrir des manches en bois collés à la résine pour les outils domestiques. Dans de tels contextes géologiques, des lances entières ont été retrouvées à Lehringen et à Schöningen, associées aux activités de la chasse (chevaux et mammouths).

Figure 22. Pointe foliacée bifaciale à Königsaue (Basse-Saxe, Mania et Toepfer, 1973).

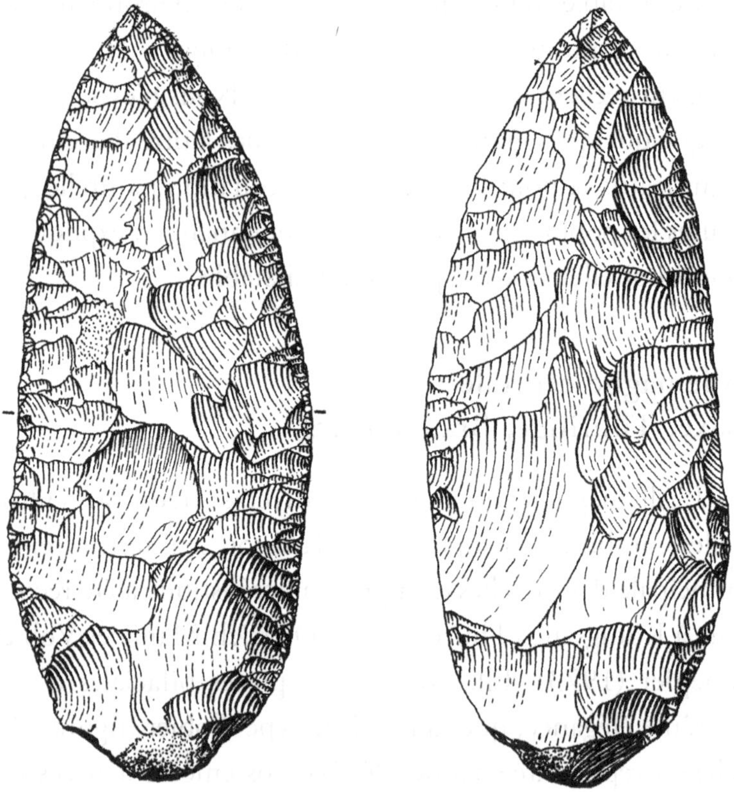

Toutefois, dans le même contexte géographique, on retrouve aussi des traditions extérieures à cette région telles que les « Keilmessergrüppe » d'Allemagne occidentale, l'Altmühlien d'Allemagne méridionale et même le Levalloisien de tradition acheuléenne (Markkleeberg) issu d'Europe occidentale (figure 23). Cette région centrale a donc attiré diverses populations tout en créant sa propre civilisation régionale. Les ensembles du début du paléolithique supérieur d'Europe septentrionale semblent fonder leurs origines sur ces traditions néandertaliennes centrales (pointes foliacées).

Figure 23. Migrations révélées par la diffusion temporaire des Keilmesser (couteaux asymétriques, en coin) vers l'ouest

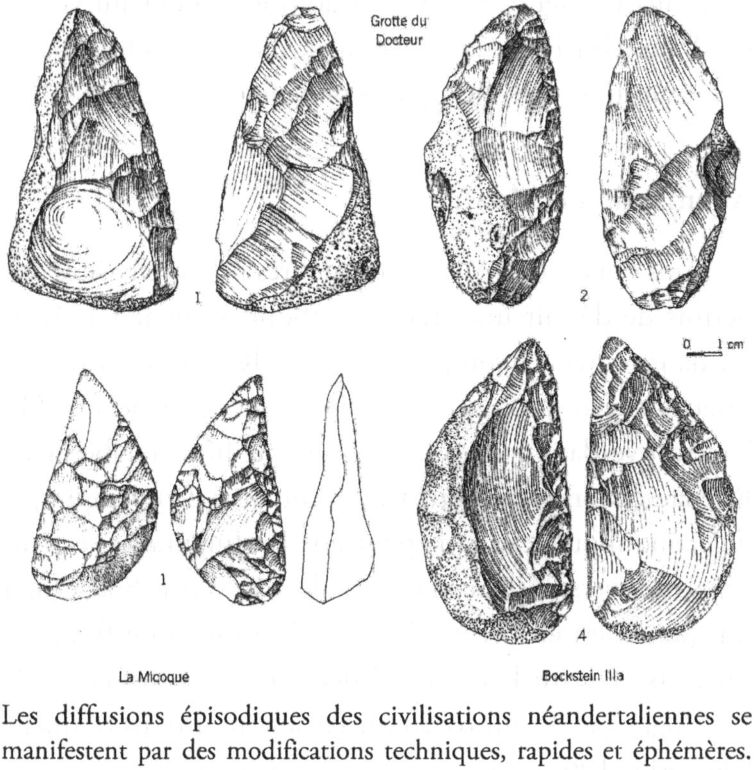

Les diffusions épisodiques des civilisations néandertaliennes se manifestent par des modifications techniques, rapides et éphémères. Les couteaux à dos bifaciaux, propres à l'Europe centrale, sont quelquefois diffusés selon un axe latitudinal vers l'Europe occidentale (où ils changent de nom, selon les différentes histoires régionales des sciences).

Allemagne méridionale

En Bavière, un affluent du Danube aujourd'hui asséché a donné son nom à une civilisation particulière : l'Altmühlien à la grotte Mauern. Certaines pièces foliacées bifaciales y sont particulièrement élégantes, élancées et régulières (figure 24). Leur tradition se poursuit vers le nord, en Thuringe (site de Ranis), où elles évoluent sous la forme d'un paléolithique supérieur très ancien.

Allemagne occidentale

Dans l'ouest de l'Allemagne, de très nombreux sites ont permis de définir une tradition abondamment représentée dans toutes ses composantes : le « Keilmessergrüppe », caractérisé par des couteaux asymétriques et bifaciaux. On la retrouve dans toutes les régions du Jura souabe et de Rhénanie. Son succès, apparemment aussi démographique qu'économique, explique peut-être ses fulgurantes expansions, soit vers l'Allemagne centrale, soit vers le Sud-Ouest français. C'est en Périgord que sa dénomination française fut consacrée par le terme « Micoquien », sur le site de la Dordogne où elle fut reconnue en situation transitionnelle (Bosinski, 1967).

Figure 24. L'ensemble des pièces appartient à l'Altmühlien de Bavière (Bohmers, dans Bosinski, 1967)

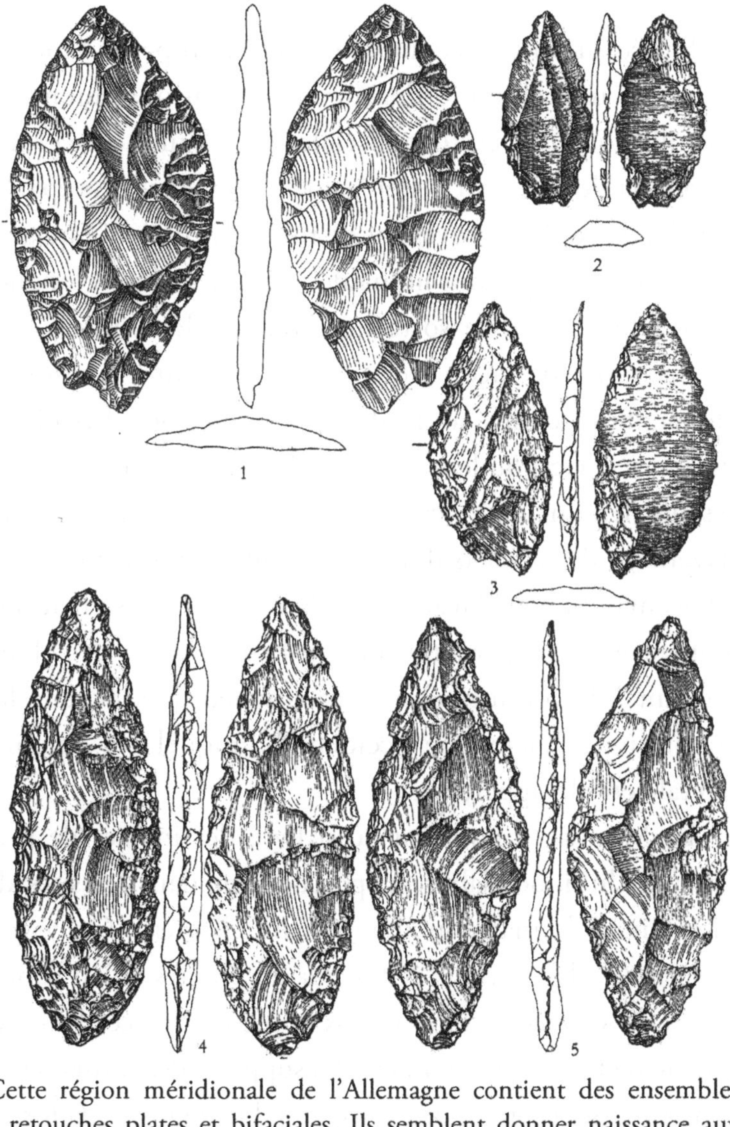

Cette région méridionale de l'Allemagne contient des ensembles à retouches plates et bifaciales. Ils semblent donner naissance aux industries des pointes foliacées septentrionales d'Allemagne centrale au tout début du paléolithique supérieur. Ces pièces bifaciales portent les mêmes traditions en Europe centrale, selon un axe sud-nord. Les matériaux eux-mêmes suivent cette voie.

La Moravie

Située au centre géographique de l'Europe, la Moravie a connu une extrême densité d'occupations durant le paléolithique moyen tout spécialement. L'immense grotte de Kulna, fouillée par Karel Valoch, contenait une épaisse couche de vestiges provenant de toutes les périodes quaternaires. Les occupations humaines y étaient denses, longues et durables, de telle sorte que souvent les outils y ont été façonnés de façon très intense, à la suite d'emmanchements successifs, au fil de leurs utilisations. Les pièces lithiques correspondent à des produits issus d'usages répétés qui les ont éloignés de leur forme initiale. Ce sont davantage des déchets d'utilisation que des concepts préalables matérialisés. Néanmoins, la recherche systématique d'aménagements par retouches sur les deux faces de l'objet, tendant à lui donner une allure asymétrique, évoque les traditions d'Allemagne occidentale auquel cet épigone latéral semble appartenir.

La Moravie a pourtant aussi livré des indices de préparation lithique élaborée, spécialement dans les sites de plein-air où le matériau abonde naturellement. On y voit d'élégantes élaborations de formes, en pointes ou en lames, sortes de « concepts figés » dans la pierre. Sur ces lieux de récolte de la matière première, les supports des futurs outils sont ramassés et transportés aux sites d'habitat sous la forme de produits semi-finis. Ainsi, à l'échelle de cette vaste région centrale, peut-on observer des formes comportementales variées, aux mêmes moments mais à des étapes distinctes de leur enchaînement technique, comme si nous nous trouvions dans un microcosme comportemental et social des Néandertaliens valable partout ailleurs en Europe.

Des fragments d'outils osseux ont aussi été découverts dans ces contextes, mais limités aux travaux techniques durs (« retoucheurs »), non destinés aux activités de chasse, elles-mêmes réservées sans doute à l'équipement végétal, jamais retrouvé dans cette région karstique. Une des grottes a livré les restes crâniens d'un Néandertalien avec des traces de découpes sur l'orbite droite, signe de cannibalisme, voire de traitement rituel des restes osseux après leur ensevelissement. Dans les sites de plein-air, on retrouve des aménagements en fosses contenant les restes de faune, les foyers et les outils domestiques destinés à la découpe du gibier (Kulna).

Le Fumanien

Des deux côtés de la mer Adriatique, du site de Fumane à la grotte de Krapina (Croatie) en passant par Divje Babe en Slovénie, une concentration de sites riches et variés présente des manifestations culturelles variées : griffes et plumes d'aigles, flûte, cannibalisme. Ces éléments ont été présentés plus haut.

La Pologne

De magnifiques ensembles caractérisent cet immense territoire. L'essentiel se trouve en sites de plein-air, assortis de plusieurs vastes grottes. L'une d'elles a donné son nom à la civilisation principale : Prodnik, d'où le « Prodnicien » (Kozlowski, 1996) Les grands outils plats sont faits de feuilles bifaciales allongées et légèrement asymétriques, d'une grande élégance. La caractéristique complémentaire tient à l'enlèvement sommital, taillé dans l'axe et taillant un tranchant. Par ailleurs, les méthodes Levallois sont aussi représentées dans les sites de plein-air, parfois transformées en outils après leur transport dans les sites d'habitat à occupations longues et variées (figure 25).

Figure 25. Prodnicien de Pologne (Kozlowski, 1996)

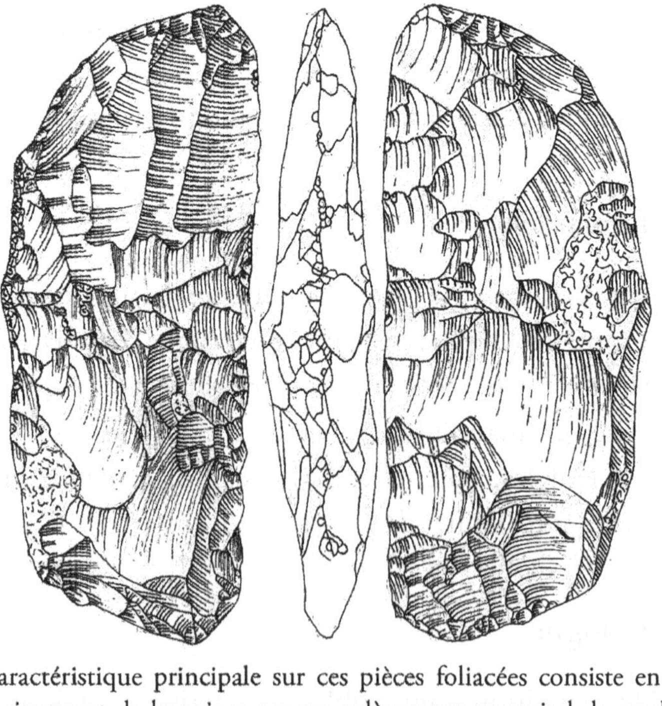

La caractéristique principale sur ces pièces foliacées consiste en un amincissement de la pointe par un enlèvement sommital, la rendant plus tranchante.

Les Carpates

Une riche documentation a été recueillie dans les grottes et les sites de plein-air de Roumanie. Les traditions techniques relèvent plutôt des Balkans méridionaux (Grèce, Bulgarie) avec des pointes foliacées bifaciales, souvent fracturées en contexte de grottes. Des dépôts rituels rassemblent des restes d'ours des cavernes dont les crânes sont disposés sur les sols et orientés de manière intentionnelle (grotte des Corbeaux). Une de ces cavernes a en outre livré des godets à ocre faits de cupules en calcite naturelle dans lesquelles le colorant rouge avait été broyé et préparé afin de rougir soit des peaux animales, soit des corps humains. Voilà d'autres preuves des activités symboliques et rituelles accomplies par les peuples néandertaliens.

L'Égée

Autour de la mer Égée, en Grèce, Bulgarie, Turquie occidentale, se retrouvent des traditions très homogènes et élégantes, faites de pointes foliacées bifaciales comme à Musselievo en Bulgarie, Sürmecik en Turquie et dans diverses découvertes en Grèce continentale. À ce sujet, il est intéressant de remarquer que, comme la Méditerranée aux temps historiques, la mer Égée a constitué une sorte de lac rassemblant le sud des Balkans à l'Anatolie. L'esprit régnant sur le façonnement des pièces bifaciales si raffinées est le même sur toutes ses rives, comme si ces Néandertaliens étaient habitués à les traverser ou à les suivre, du moins à les reconnaître comme leur « territoire » culturel. Ce phénomène extrêmement intéressant crée comme un golfe, de part et d'autre de l'Égée, dont le point focal correspond au sud de la Bulgarie actuelle en contact avec la mer. C'est aussi dans cette région que les deux crânes humains d'Apidima ont été découverts. Il s'agit d'un homme et d'une femme néandertaliens dont seuls les crânes ont été conservés et déposés isolément dans une haute anfractuosité, très certainement dans un geste rituel, une fois de plus (Lumley *et al.*, 2020).

L'Akkaien de Crimée et l'Europe orientale

Étendue dans la mer Noire, la Crimée possède une extraordinaire concentration de sites du paléolithique moyen, explicable par ses ressources en matériaux, ses nombreux abris naturels et sa situation au carrefour de l'Europe, du Caucase et de l'Asie. Mais aussi par l'importance des travaux menés par les chercheurs ukrainiens. Les sites gigantesques de Kabazi à ciel ouvert ont permis d'établir la chronologie de ces ensembles avec le balancement d'une influence à l'autre, au fil de la succession des couches (Chabai, 1996). En particulier, les traces de foyers construits y abondent, ajoutant de nouvelles preuves de la maîtrise du feu parfaitement accomplie par les Néandertaliens (figure 26).

Figure 26. Akkaien de Crimée à Zaskalnaya
(Kolossov, 1983, 1986, 1988)

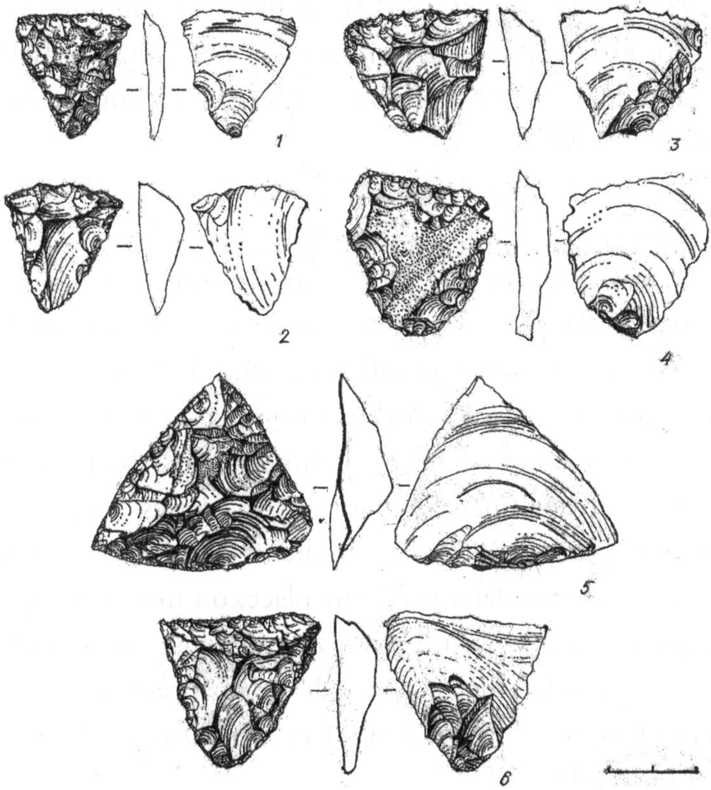

La caractéristique culturelle tient au soin extrême apporté aux pièces, très minces et retouchées de façon tangentielle, qui leur donne une allure très plate. Ces méthodes annoncent celles du paléolithique supérieur ancien régional (ex. : Sungirien).

Les « roches blanches » (Ak-Kaya) de Crimée centrale ont donné leur nom à ce vaste ensemble (Kolossov, 1983, 1988), étalé sur une centaine de millénaires (Chabai, 1996 ; Chabai *et al.*, 2005) et étiré de Simferopol au nord de Moscou. En effet, il se transforme au fil du temps et de l'espace en ce qu'on appellera d'abord « Strellenskien » (Stepantchuk *et al.*, 2017) puis le « Sungirien » (Bader, 1998 ; Vasilyev *et al.*, 2017) au fil de la remontée vers le nord et *via* le site principal de Beroutchia Balka (Matioukhine, 1999, 2012 ; Otte, Matioukhine et Flas, 2006).

Le site principal, fouillé entre 1969 et 1994 par Kolossov, est dénommé Zaskalnaya (Kolossov, 1983, 1986). Il contient une série d'abris naturels occupés de 40 000 à 30 000 ans et avec des aires d'activités combinées ; au centre de ces installations, une aire de circulation intermédiaire semble correspondre aux aires de passage d'un abri à l'autre (Chabai, Uthmeier et Richter, 2005). Outre les foyers aménagés, l'une de ces grottes contient des restes rassemblés de Néandertaliens. Leurs agencements ne sont pas très clairs mais, sur place, on m'a assuré qu'il s'agissait d'une sépulture de cinq individus, tous très clairement néandertaliens, parmi les plus récents du continent européen – entre 40 000 et 30 000 ans (Chabai et Uthmeier, 2017).

Comme en Allemagne centrale, les traditions y sont variées et d'origine externe, mais une spécificité régionale se manifeste dans l'Akkaien, découvert, décrit et défini essentiellement au site de Zaskalnaya par Yuri Kolossov. Dans un court vallon, les grottes proches les unes des autres contenaient les traces de diverses activités dont celles orientées vers la chasse, le partage des ressources, et surtout les inhumations. Cinq sépultures néandertaliennes ont été découvertes dans ce seul vallon, dont l'espace central semble avoir été consacré aux échanges sociaux. Une sorte de mini-société paléolithique peut ainsi être observée et décrite dans cette exceptionnelle localité. Plusieurs autres sépultures ont été découvertes dans cette seule presqu'île.

Russie européenne et Caucase

Dans ces immenses espaces steppiques, les sites néandertaliens sont fréquents et particulièrement bien étudiés par les écoles de Kiev et de Saint-Pétersbourg. D'une façon générale, les styles sont fondés sur l'aménagement bifacial sur pointes et outils foliacés à profil asymétrique, analogues à l'Akkaien de Crimée. Ces ensembles ont pu donner naissance au si particulier paléolithique supérieur ancien de ces régions : le Sungirien avec des pièces façonnées par débitage Levallois, tel Molodova en Ukraine, qui a livré une gigantesque « structure d'habitat » faite d'ossements massifs de mammouths formant un cercle d'une dizaine de mètres de diamètre. Tout porte à croire qu'il ne s'agissait pas seulement d'une unité domestique mais aussi et surtout d'une concentration d'activités rituelles dont témoignent les divers foyers répartis à l'intérieur de cette enceinte, fort peu propice à disposer d'une couverture comme un véritable habitat l'exigerait.

CHAPITRE 8

Signification des traditions néandertaliennes

Un immense paradoxe traverse le paléolithique moyen européen. En dépit de millions de traces matérielles d'une extrême variété, une unité simple les régit toutes. Elles répondent toujours aux lois constantes de l'unité stylistique qui les a prédéterminées. Aucune autre situation dans l'histoire humaine ne présente une telle cohérence durant des centaines de milliers d'années. Partout où notre regard se pose, les traits distinctifs de cette unité surgissent : les styles y sont à la fois multimillénaires et strictement délimités dans l'espace. Ils sont l'équivalent des ethnies observées chez les Amérindiens quels que soient les aspects considérés, des techniques aux langages, les uns conditionnant les autres, dans un souci de protection des valeurs identitaires. Toutes les autres variations répètent inlassablement les structures simples qui régissent la répartition des activités au sein de ces quelques rares unités stylistiques.

Ce qui est ancien n'est pas forcément archaïque

L'histoire de la préhistoire s'est enlisée dans des analyses confuses où se sont intriqués traditions, activités et matériaux. S'il est vrai que l'on peut créer toutes formes sur n'importe quelle roche, il est encore plus vrai qu'on ne le fit jamais, sinon dans des expérimentations ! C'est là où l'intelligence impose d'observer des régularités stylistiques appropriées. Parmi mille exemples, plus la roche est homogène, plus elle témoigne de méthodes élaborées, très proches des réelles aptitudes culturelles. L'inverse fonctionne tout aussi bien : les réalisations techniques à vocation domestique s'accordent aux matériaux rudimentaires locaux. Par conséquent, si ces différentes catégories sont mélangées les unes aux autres, plus rien n'est compréhensible, pas même l'impact stylistique qui pourtant les réunit toutes. Entre l'outil rudimentaire à vocation domestique et la pointe la plus élaborée sur un matériau d'origine lointaine, rien n'est comparable à première vue. Pourtant, les contextes isolés démontrent que ces ensembles sont contemporains tout en reflétant des comportements variés.

L'Europe néandertalienne est imprégnée de pensées qui varient d'un bout à l'autre du continent, mais qui présentent diverses tendances spirituelles, constitutives de ces populations vivant en vase clos pendant des centaines de millénaires. Les territoires y sont délimités par des traditions mutuellement respectées. Elles imprègnent autant les façons de faire que les comportements collectifs tels la chasse ou le partage, mais aussi les modes sépulcraux et les rituels (cannibalisme, trophées, danse et musique). Les différences qui empêchent de voir ces unités traditionnelles sont tout aussi issues de la diversité des écoles d'archéologie depuis deux siècles que de la confusion entre la valeur des données qui autorise par exemple à confondre les produits d'une activité particulière (chasse ou habitat) avec l'impact d'un style, voire d'une période. Une telle confusion ne provient pas des données matérielles mais, hélas, d'un *a priori* fondé sur le dogme darwinien : ce qui est ancien est forcément archaïque. Imprégnés de cette fausse doctrine, les archéologues ont refusé à l'avance de voir la pertinence des choix culturels néandertaliens. Il fallait aussi consentir à un certain « recul » en opposition avec les populations modernes (aux formules existentielles radicalement différentes) et en lutte contre le strabisme régionaliste dans lequel se sont enfermées la plupart des écoles occidentales.

Quelques tentatives seulement ont été faites en ce sens (Gabori, 1976 ; Bosinski, 1967 ; Kozlowski, 1996 ; Otte, 1996). En effet, il existe souvent une confusion entre l'impact dû aux activités et les variétés liées aux manières de faire (les « styles »). Un véritable chaos s'est alors installé dans la signification de ces variations, ajouté aux différentes approches liées à l'histoire des sciences selon les idéologies nationales. Avec le recul et en suivant une inspiration continentale, des tendances régionales s'expriment pourtant avec netteté ; elles paraissent d'autant plus pertinentes qu'elles se trouvent confirmées par la dispersion des roches utilisées dans chaque paysage européen, illustrant des réseaux géographiques, comme pour les traditions culturelles elles-mêmes.

Des traditions qui diffèrent, d'ouest en est

Globalement et de manière assez provocante, on peut réduire l'Ouest européen à une seule grande tradition uniforme, c'est plus net encore dans les régions ibériques. Toutes les variations entre les ensembles dépendent d'autres facteurs que les expressions traditionnelles. Elles y sont toutes radicalement homogènes, sans que la méthode scientifique cherche à les reconnaître, car elles sont de niveau d'expressions différent (sépultures, habitats, techniques, alimentation). Les réseaux d'approvisionnement le prouvent clairement (Féblot-Augustins, 1997). Dans les marges septentrionales de la France, les choses commencent à bouger : la Belgique « devient » germanique (par la vallée du Rhin) ou polonaise (par la mer du Nord exondée). Les traditions et les styles s'y distinguent nettement : il ne s'agit plus de variations entre les activités mais de véritables impacts stylistiques de nature traditionnelle.

Leur distinction, dans une seule petite région transitionnelle, prouve à elle seule l'existence de systèmes de valeurs opposés. Mais c'est aussi là où elles se trouvent superposées donc ajoutent à la confusion générale de leur reconnaissance.

Au-delà du Rhin, les choses s'éclaircissent car elles se distinguent radicalement des aires occidentales. On entre là dans l'aire culturelle dite des *keilmessergruppen*, terme souvent confondu avec le concept de « Micoquien d'Europe centrale ». L'erreur de nomenclature, diffusée à travers tout le reste de l'Europe, provient de la mince découverte de pièces foliacées sur le site de La Micoque (Dordogne), inattendues dans un contexte exclusivement moustérien occidental. La méconnaissance par les chercheurs français de tout ce qui se passe à l'est du Rhin les avait même amenés à confondre ces pièces foliacées du paléolithique moyen avec de l'acheuléen récent, caractérisé par des bifaces pointus ! Ce site n'est pourtant pas sans intérêt car il démontre au moins une vague migratoire et éphémère des Néandertaliens entre l'Est et l'Ouest européen durant cette période néandertalienne, de façon tout à fait exceptionnelle.

Tout le Bassin rhénan est dominé par ces pratiques de retouches bifaciales sur support asymétrique et qui opposent un bord tranchant à un dos préhensible : le terme de « *Keilmesser* » provient de la section, par conséquent asymétrique, de tels outils. Littéralement, il s'agit de couteaux (*messer*) dont la section asymétrique est disposée en coin (*Keil*). Les sites innombrables (dont

Neandertal, site éponyme) parsèment toute l'Europe centrale (Bosinski, 1967, carte 4), où ils sont datés de l'ensemble de la dernière phase glaciaire et de l'interglaciaire précédente. Toutefois, et comme en France, on y constate des stades évolutifs marqués par des « styles » distincts. Cette « histoire » des infléchissements méthodologiques étalée sur plus d'une centaine de millénaires se poursuit dans une parfaite cohérence stylistique, manifestant bien l'unité de la tradition en dépit de fortes variations environnementales.

Le centre de l'Europe moyenne voit le développement d'une tradition extrêmement particulière, définie dans un bras mort du Danube : l'Altmühl, en Bavière. Elle procède par d'élégantes pointes foliacées, très particulières, à retouches bifaciales, à symétrie parfaite. Son extension géographique semble remonter vers le nord jusqu'à la Saxe où les ensembles de Königsaue la poursuivent (Mania et Toepfer, 1973). À ce stade, une extension vaste inclut les sites dits prodniciens de Pologne, de Ranis en Thuringe, formant le fondement d'un paléolithique supérieur ancien autonome propre aux plaines septentrionales. Cet axe, nord-sud, coupe les civilisations d'Europe centrale en différentes régions, orientées vers les confins orientaux.

La région fondamentale dans cette vaste aire géographique, se situe en Allemagne centrale, Saxe, Thuringe, Brandebourg, où de nombreux sites, rigoureusement fouillés sur d'immenses surfaces (Schöningen, Weimar, Königsaue), possèdent à la fois les traditions propres à ces régions, mais aussi de nettes traces de migrations, soit originaires d'Europe centrale (Ehringsdorf), soit de migrations occidentales (Weimar, Markkleeberg : 250 000-120 000 ans). Comme si une poussée ancienne, venue de l'ouest, s'était implantée épisodiquement, par-dessus les traditions régionales locales. Cette vaste plaine fut exploitée par différentes traditions, en vagues successives, tout en conservant son système de valeurs régional. C'est dans cette région également que l'éléphant de Lehringen, associé au moustérien, a été découvert, au cours de la phase interglaciaire. Au début de la phase froide ultérieure, la tradition régionale principale s'impose avec le site de Königsaue aux pointes foliacées à retouches plates.

Poursuivant vers l'est, nous avons reconnu le célèbre Prodnicien, avec ses pièces bifaciales affûtées et asymétriques, élaborant une tradition polonaise spécifique, mais qui annonce celles des Balkans orientaux comme en Bulgarie (Musselievo) et en Grèce. Aujourd'hui, cette tradition se retrouve à l'ouest de l'Anatolie, sur le site de Sürmecik (Taskiran *et al.*, 2021), montrant que la mer de Marmara n'a jamais formé une frontière culturelle. Les composantes de cette culture en évolution restent largement inconnues, bien que très particulières dans ses aspects techniques.

Comme nous l'avons vu, les aires septentrionales de la Méditerranée opposent deux entités cultuelles nettement distinctes. Du côté de la mer Adriatique (alors très réduite), les sites de Slovénie (Divje Babe), de Croatie (Krapina) et du bassin du Pô forment une entité ethnique très nette, avec une grande variété d'activités culturelles, comparables à celle du Périgord : sépultures, cannibalisme, activités musicales et décorations personnelles. Bien au-delà des aspects grossièrement techniques structurellement analogues et homogènes, tous les témoins d'activités spirituelles démontrent une entité culturelle forte, accentuée pas l'absence à cette époque de la barrière maritime, alors exondée. Il s'agissait d'un territoire unique, à la fois sur le plan géographique, anthropologique et culturel, dont la cohérence n'a pas encore été reconnue et dont pourtant tous les aspects convergent.

Du côté de la mer Tyrrhénienne, toute la côte étendue depuis Naples jusqu'à Nice possède des traits structurels analogues et homogènes, dont l'élaboration rituelle à la grotte du Guattari, jusqu'à la grotte du Lazaret, où de nombreux aspects rituels évoquent cette relation entre l'homme, l'animal et la mort. Nous sommes dans la même sphère religieuse étendue sur toute cette côte sous des formes analogues (Otte, 2021).

Des groupes analogues peuvent être reconnus dans le Pays basque espagnol, en Roumanie centrale (Olténie), en Ukraine et en Crimée, autant qu'au Caucase, qui nous mènent droit au Zagros, vers le Proche-Orient. Chaque fois, les entités régionales se définissent clairement, et leur histoire longue démontre la cohésion de leurs modes de vie.

CHAPITRE 9

Découvrir la pensée néandertalienne

Les traces matérielles laissées par l'action humaine restituent les structures profondes, autant des réflexions que des émotions qui les ont fait naître. L'outil le plus humble enregistre des agencements gestuels coordonnés par des facultés d'abstraction préalables, et intégrées dans un corps de concepts dictés par la tradition. Décoder ces articulations mécaniques revient à approcher ce fonctionnement spirituel. Chez les Néandertaliens, ces aptitudes sont tout simplement prodigieuses : l'outil de pierre subit des inflexions d'une extrême souplesse, d'une exceptionnelle précision et d'un raffinement inouï localement. Nous parlons de « méthode Levallois » dès que sa forme suit fidèlement un schéma élaboré, dans sa masse et dans sa silhouette.

De la matière à l'esprit

Un ensemble de concepts fut mis en jeu en amont de chaque geste selon une « grammaire » codifiée. Les outils des Néandertaliens révèlent une combinaison extraordinaire de pensée prédictive en dialogue avec les lois mécaniques de la matière. Les distances d'approvisionnement entre l'origine de la roche et son lieu d'utilisation infléchissent les modes de production et d'usage des outils. De tels réseaux d'objets, donc d'événements, créent un paysage culturel, tel un filet de pensées jeté sur un paysage naturel. Durant cette époque, ces réseaux s'étalent sur une centaine de kilomètres. Ils délimitent ainsi des emprises à vocations multiples selon les activités, mais ils autorisent à distinguer autant d'aires à valeur culturelle. Car si les potentialités restent identiques à travers tout le continent, de subtiles variations stylistiques permettent d'y reconnaître autant de choix dont la nuance ne peut être donnée que sous la pression de l'éducation. En effet, tout outil modifié par le style conserve des aptitudes fonctionnelles équivalentes. Ainsi, l'Europe néandertalienne était découpée en entités traditionnelles bien plus strictes et délimitées que durant toutes les périodes ultérieures.

Toutefois, à travers les diverses traditions techniques néandertaliennes, une double contrainte demeure d'une permanence absolue, dont le fondement ultime est spirituel : la pierre travaille le bois, la peau, la chair ; elle est aussi emmanchée dans du bois. La relation constante passe toujours du minéral au végétal jusqu'aux sagaies elles-mêmes, exclusivement faites en bois, mais à l'aide d'objets en pierre tranchante. Durant ses trois cent mille ans d'existence, Neandertal n'a jamais prélevé les matières dures extraites des proies animales pour les dégrader au titre d'outils, donc d'éléments neutres, comme les roches. Si on compare à d'autres civilisations, où l'ossement peut intervenir sous un mode désacralisé et pour ses seules valeurs mécaniques, les Néandertaliens n'ont jamais franchi ce pas durant leurs centaines de millénaires d'existence. Analogue à nous-mêmes, l'animal semble investi d'un respect total qui interdit d'en faire un outil ou une arme, spécialement celles qui eussent été retournées contre lui, en un double sacrifice.

Symétriquement, les vestiges animaux abondent sous des formes sélectionnées et disposées symboliquement : ramures et encornures dans les sépultures, crânes d'ours protégés intentionnellement, bucranes isolés et amassés. Cette relation à la vie animale mystérieuse, profonde, si proche de la nôtre, passe dans les faits archéologiques les plus évidents selon deux voies complémentaires : négativement pour ce qui est des techniques et positivement pour ce qui concerne les restes chargés de force symbolique (crânes, ramures, encornures).

La relation avec l'animal abattu, pire encore consommé, suit le même plan de fracture spirituelle : il s'agit toujours d'espèces sélectionnées et non de l'ensemble faunique disponible dans l'environnement. Dans certains vestiges d'habitats néandertaliens, la spécialisation se marque avec force sur une seule espèce, voire sur une seule classe d'âge, reflet des échanges sacrés qui ont dû prévaloir entre la force vitale, ainsi désignée, et la vitalité du groupe humain qui en commit le sacrifice. Car l'usure dentaire des Néandertaliens autant que les restes piégés dans leurs dépôts de tartre ont prouvé l'importance de leur consommation en végétaux. Comme chez tous les peuples actuels réputés « chasseurs », l'essentiel des calories consommées provient du milieu végétal, tandis que l'abattage sélectif de certains animaux seulement relève de règles sociales sévères et religieuses : elles structurent la société par le moment de l'abattage, le choix du chasseur, celui de l'individu animal « à prélever », la méthode pour le faire et, surtout, les pratiques de distribution de cette nouvelle forme de calories, arrachées à d'autres vies.

Assortie d'infinies variables, ces constantes sont absolument universelles et se fondent sur la conscience humaine car le métabolisme humain n'est pas adapté à l'alimentation carnée. Il y a donc transgression, devenue vitale en nos hautes latitudes, mais toujours à la condition que cette pensée, omnipuissante chez nous, l'accepte *via* les rituels appropriés. Nous savons que cela devait se pratiquer à la fois négativement, puisque l'alimentation végétale s'accommodait d'une consommation occasionnelle de viande, mais aussi positivement par les traces de découpe, de décharnement, et donc de partage dont les restes osseux portent témoignage et comme une preuve absolue des activités psychiques et sociales qui les ont justifiés.

Balancée entre les activités de récolte alimentaire, d'apprivoisement technique, de rituel et d'éducation, la vie des Néandertaliens présente tous les caractères d'un semi-nomadisme, dont la simple diversité des roches utilisées dans l'outillage rend aussitôt compte. Les délimitations territoriales, témoignées par les styles, correspondent aux grandes régions européennes actuelles. Mais les lieux d'implantation, de réunion, de trouvailles ou d'échange se trouvent spécialement obscurcis pour ces périodes anciennes dont tous les paysages furent recouverts par des dépôts récents, parfois très épais, apportés par les vents, les rivières, les mers et les océans. Comme elles restent visibles aujourd'hui, les grottes firent l'objet de fouilles intenses, mais elles ne correspondaient qu'à des habitats très particuliers et marginaux des Néandertaliens, dont l'essentiel des occupations se trouvaient dispersées dans d'immenses plaines sous la forme de constructions de bois, de peaux et de pierres, au sein desquelles les foyers furent installés. Les fouilles menées en prévision des grands travaux publics l'attestent sans relâche, et les affaissements de rivières l'ont toujours démontré. En présence de foyers, d'abris, de concentrations artisanales, il devait aussi exister des lieux de transmission, d'éducation, de protection : des espaces humanisés, opposés à l'extérieur chaotique, sauvage et redoutable. La délimitation spatiale correspondait à celle de l'unité sociale, donc à la communion des esprits en un moment et en un lieu privilégié, choisi, bâti, aménagé à cet effet par la tradition culturelle elle-même, en une sorte de « temple païen » où l'éducation était transmise.

Des paysages mentaux

Cette relation spatiale s'étendait à un environnement géographique immense et d'une extrême diversité, car tous les points d'une région portent des traces d'une présence néandertalienne, à chaque fois assortie de ces conditions particulières. De telle sorte que le réseau culturel jeté sur un réseau naturel étendu présente, à ses intersections, des points d'interférences significatifs. Spatialement, le prélèvement d'animaux se produit sur des emplacements distincts de ceux où les roches furent récoltées, des aires funéraires ou de celles dédiées à la transmission coutumière. Cela signifie que les points d'incidence entre un paysage et une activité néandertalienne reconstituaient en fait autant de matérialisations de la pensée collective, souvent même entretenue durant des millénaires. Ce conformisme néandertalien est bien commode pour le préhistorien, car il éclaire les coutumes et les valeurs de toute une société dont toutes les composantes éclatent dans le paysage en autant de modèles clairement délimités. Dans les civilisations ultérieures, les activités tendent à se superposer aux mêmes emplacements dans le paysage et deviennent ainsi illisibles, à l'inverse des Néandertaliens dont on perçoit comme des « paysages mentaux » régis par une pensée homogène et flexible. Cette extraordinaire souplesse adaptative leur a permis de traverser tous les bouleversements climatiques, profondément marqués dans la faune, la flore, les dépôts sédimentaires, les précipitations et les températures, durant près de trois cent mille ans.

Des traces de considérations spirituelles chez les Néandertaliens sont donc indiscutables, par les simples reflets de leurs actions matérielles dont la place la plus forte fut sans doute le régionalisme. Les styles, clairement délimités dans l'espace et clairement exprimés dans les formes, démontrent surtout l'existence d'entités rationnelles, voire claniques, qui se reconnaissaient, s'entretenaient et se distinguaient aussi nettement par la parole, les récits et les mythes. Certains échanges soudains, d'une partie à l'autre de l'Europe, témoignent de contacts épisodiques, dont la courte durée illustre précisément l'aspect exceptionnel, opposé à la tendance régionale fixe. Ainsi un corps de croyances s'opposait-il à un autre, probablement autant linguistique que comportemental.

Parmi les témoignages de considérations purement métaphysiques, l'acte sépulcral est à juste titre fréquemment cité. Les ensevelissements organisés apparaissent en effet systématiquement chez les Néandertaliens. L'acte rituel se décompose en diverses phases coordonnées dont toutes visent à la protection du défunt, en position forcée et parfois associé à des vestiges animaux. L'intention est donc claire : il s'agit de distinguer le sort de certains humains par opposition à celui du monde animal, réduit au statut symbolique. Dans les paysages, il s'agit de grottes ou en surplombs rocheux, ainsi marqués par une intention sacrée et perpétuelle, et comme intégrée à la roche elle-même en gage de permanence. Actes des vivants sur les morts, ces sépultures reflètent aussi l'organisation spirituelle du groupe qui les a conçues puis établies : toutes orientées vers un destin autonome choisi, bâti, constitué par un corps de croyances et de rituels dont elles sont le plus évident témoignage.

Dans le prolongement du traitement des défunts conservés intacts, de nombreuses traces affectent des ossements isolés, telles les stries de décharnement, les brûlures ou les percussions. Ainsi, des rituels s'étendaient au-delà de la mort et affectaient certains éléments anatomiques seulement, comme on le voit dans d'innombrables civilisations actuelles : les vestiges d'un défunt peuvent faire l'objet de nombreux actes rituels, analogues aux reliques médiévales. En tout ou en partie, la personne décédée est conçue comme élément d'une société vivante, ce qui implique sa réintégration symbolique, y compris *via* sa consommation collective, imprégnée de sacralité. Sur un mode analogue aux sacrifices accomplis aux dépens de la nature animale, le corps du défunt doit subir des traitements appropriés afin de perpétuer la vie sauvage d'un côté, et la vie humaine de l'autre. Le cas s'impose dans toute sa netteté lorsqu'il s'agit d'éléments céphaliques : la tête seule fut retirée dans la sépulture de Kébara (Israël), et un crâne isolé fut retrouvé intact au mont Circé (Italie). L'attention portée sur la tête, siège de la conscience, est donc évidente, comme dans la plupart des religions (bustes-reliquaires) ou dans des contextes d'apparence sacralisée (galeries commémoratives de personnages illustres).

Ces abondantes traces matérielles, laissées par la longue histoire néandertalienne, démontrent des activités intellectuelles puissantes et de grande variété selon les périodes, les régions et les différentes traditions régionales dont la seule existence illustre la richesse. Cette structure métaphysique a permis la subsistance et l'efflorescence de ces populations durant des centaines de millénaires, probablement grâce à la souplesse et à la force de leur pensée, en perpétuelle conquête d'un inconnu pourtant perçu comme dangereux. Les croyances, l'art, la beauté, l'éducation, les mythes en sont les réactions directes, afin de contrebalancer la pensée et l'effroi qu'elle subit.

La plupart des objets réalisés par Neandertal présentent d'évidentes qualités plastiques, sans aucun rapport avec leur usage technique. L'extrême régularité des silhouettes, le choix des roches fines, colorées, chatoyantes et translucides, la symétrie se superposent dans la création d'un mystère qui enveloppe et désigne nettement les œuvres de ces populations. Un peu comme si le soin apporté au façonnement d'objets était une manière de les sacraliser, d'en exsuder cette trouble notion de beauté fondée sur une relation différée du fonctionnel : l'exagération de la tendance technique y fait pressentir comme une perfection, largement étendue au-delà de l'utilité réelle, comme on parlerait d'un « beau camion », tant ces indices fonctionnels sont exacerbés, au simple titre de jeux expressifs.

L'usage de colorants, rouges ou noirs, est attesté dans de nombreux emplacements où Neandertal a séjourné. La couleur rouge symbolise le sang, donc la vie à peu près partout dans le monde, et l'usage de teintes appliquées à tout support démontre l'intention d'en changer l'apparence, le statut, le rôle. Souvent, il s'agit de décorer le corps, voire les costumes ou les objets portés. Une volonté de transformation s'impose et, avec elle, celle d'orienter la valeur symbolique conférée par les colorants. En Roumanie, des godets furent utilisés pour leur préparation. On retrouve des pendeloques, faites de griffes en Croatie (Krapina), de perles fossiles en Angleterre (Bedford), de dents animales en France (Arcy). Mais en aucun cas il ne s'agit de coutumes permanentes ou généralisées : l'affirmation de l'individu a dû suivre d'autres voies, comme les tatouages, la peinture, la coiffure ou le vêtement. L'obsession de la pendeloque décorative nous vient des Cro-Magnon en Europe, obnubilés qu'ils étaient par les matières osseuses dont Neandertal se méfiait. Tout ce qui a pu être de nature végétale s'est donc anéanti aussitôt, au même titre que les armes en bois.

De curieuses pratiques se trouvent liées à la notion trouble d'image : minéraux, cristaux fossiles furent récoltés et introduits dans l'habitat par les Néandertaliens. Il s'agit de roches « faisant image », repérées dès l'abord par des peuples habitués à l'observation des roches : celles-là échappaient aux considérations techniques, elles furent donc rapportées, investies d'une tout autre valeur. Les fossiles rappellent la nature vivante, mais y échappent aussitôt par leur matériau lithique, comme « mort ». Entre les deux états, fonctionne le trouble esthétique, la source du mystère.

Une flûte néandertalienne, faite à partir d'un os d'ourson, découverte dans une grotte de Slovénie (Divje Babe) et datée de 60 000 ans donne une dimension supplémentaire aux activités esthétiques : celle de la musique, de la danse et de la résonance dans cette immense salle. De superbes concerts donnés par des musiciens virtuoses contemporains dans des cathédrales ont prouvé la puissance acoustique atteinte par cet humble instrument. Mais au-delà, il suggère des pratiques musicales généralisées, donc un goût porté vers l'harmonie sonore, la participation collective, voire la cérémonie, en cette grotte où précisément les vestiges d'ours abondent, comme dans un sanctuaire orienté vers cette espèce.

Les sépultures se trouvent isolées dans des reliefs rocheux où les restes d'habitat sont exclus du niveau correspondant, comme si l'un chassait l'autre. Dans un paysage néandertalien reconstitué, ces lieux d'inhumation faisaient saillie, s'imposaient au regard, un peu comme autant de points sacralisés dispersés dans les reliefs où flore et faune dominaient. La répartition des activités selon les emplacements créait un véritable paysage sacré où les lieux sépulcraux s'imposaient, tels des repères qui structuraient les paysages ainsi humanisés.

L'irruption de l'homme moderne

Parfaitement adaptés aux conditions climatiques de l'Europe pléistocène, par leurs techniques, leurs règles sociales et leurs rituels exercés durant des dizaines de millénaires, les Néandertaliens ne pouvaient pas disparaître pour une raison interne. Tout indique une déstabilisation de leurs pensées et de leurs systèmes de valeurs, brusquement mis en concurrence par des pionniers venus d'ailleurs et disposant d'un rythme démographique supérieur. Symétriquement, les hommes modernes ont subi cette expansion géographique traumatisante, justement en réponse à leurs propres excès de populations, un peu sur le modèle des Européens poussés à l'expatriation vers les Amériques ou l'Australie, là aussi apportant une autre anatomie et d'autres valeurs. Le succès des hommes modernes semble précisément lié à leur façon de voir le monde : ils conquièrent la nature avec des armes très efficaces et très rapides (sagaies propulsées). Ils brisent ainsi l'équilibre entretenu jusque-là par les Néandertaliens et amorcent la fin des peuples chasseurs par une surexploitation des ressources sauvages.

Tout cela se fonde sur une métaphysique nouvelle et conquérante où l'homme moderne puisait ses convictions : se développer soi-même aux dépens des autres formes de la vie. La création artistique n'est rien d'autre : l'homme moderne remplace la nature par ses propres images sur lesquelles il possède une totale puissance. À mesure de leur expansion vers l'Ouest européen, les Néandertaliens locaux furent ébranlés dans leurs propres convictions et ont perdu leurs valeurs autant que leurs goûts identitaires. Il n'en faut pas davantage pour qu'une population s'éteigne lentement, comme les Aborigènes, les Esquimaux, les Pygmées ou les Indiens sous nos yeux aujourd'hui. Leurs gènes ne peuvent subsister que dans une faible mesure, mais l'équilibre entretenu par leurs modes de vie, spirituel et technique, s'effondre inexorablement. S'il fallait trouver un modèle afin de résoudre nos graves problèmes écologiques actuels, il serait plutôt à chercher du côté des Néandertaliens, dont les limitations géographiques et le respect de la nature ont assuré leur subsistance durant trois cent mille ans sur le même territoire.

Dans une courte vision rétrospective, étalée sur deux siècles déjà, on peut comprendre, sans grande fierté d'ailleurs, que les milieux scientifiques européens ont créé dès le début du XIXe siècle le mythe d'un Neandertal primitif, telle une double perversion encore tenace en certains milieux réputés savants. Dans cette funeste époque d'expansion coloniale et d'esclavage, il fallait désigner l'autre comme inférieur, aux limites de la bestialité : l'expansion européenne passait par ce nécessaire mépris qui confondait les réalisations exotiques avec les performances mesurées à celles des colons. Mais il fallait aussi que notre humanité européenne fût au pinacle d'une fastidieuse évolution dans laquelle Neandertal correspondait vaguement aux peuples exotiques « sous-développés » et que la malencontreuse théorie darwinienne avait si bien pu consolider. Tout était en place pour mépriser autant le lointain que l'ancien, étourdie comme l'était alors l'Europe du progrès dont les dogmes ne pouvaient être mis en cause sous peine d'extinction. L'Occident des colonisateurs doit encore se débarrasser de son dernier fantasme : la primitivité néandertalienne n'a jamais existé.

Liège 19 septembre 2023

Bibliographie

Anikovich M., 2005, « Sungir in cultural context and its relevance for modern human origins », *Arch. Ethnol. Anthropol. of Eurasia*, 22, p. 37-47.

Auguste P., 2003, *La Chasse à l'ours au paléolithique moyen*, BAR, IS, 1105.

Bächler E., 1940, *Das Alpine Paläolithikum der Schweiz*, Birhäuser & Cie.

Bader N., 1998, *Le Site du paléolithique supérieur à Sungir* (en russe), Académie des sciences de Moscou.

Bar-Yosef O., 1988, « La sépulture néandertalienne de Kébara », *Études et recherches archéologiques de l'Université de Liège (ERAUL)*, 32, p. 17-24.

Baumann P., 2009, *Drachenloch 1917-1923*, Groupe Olten.

Bednarik R., 2017, « Le rôle culturel des ours », *INORA*, 79, p. 17-20.

Benozzo F. et Otte M., 2020, *Speaking Australopithecus. A New Theory on the Origins of Human Languages*, Edizioni dell'Orso.

Binford S. R. et Binford L. R. (dir.), 1968, *New Perspectives in Archaeology*, Aldine Publishing Company.

Blanc A. C., 1938-1939, « L'uomo fossile del Monte Circeo. Un cranio neandertaliano nella grotta Guattari a San Felice Circeo », *Rev. de Antropologia*, 32, p. 1-18.

Blanc A. C., 1940, « Les grottes paléolithiques et l'homme fossile du mont Circé », *Revue scientifiques*, 1, p. 27.

Boccara M., 2002, *La Part animale de l'homme. Esquisse d'une théorie du mythe et du chamanisme*, Anthropos.

Bocherens H. *et al.*, 1997, « Paleological implantations of the isotopic signatures (^{13}C, ^{15}N) of fossil mammal collagen in Sciadina Cave (Scayn, Belgium) », *Quaternary Research*, 48, p. 370-380.

Bodmer K., 1839, *Maximilian, Prince of Wied's Travels in the Interior of North America, during the Years 1832-1834*, Ackerman.

Bodmer K., 1843-1844, *Native Americans*, Londres.

Boëda É. et Geneste J.-M., 1999, « A Levallois point embedded in the vertebra of a wild ass (*Equus africanus*) : Hafting, projectiles and Mousterian hunting weapons », *Antiquity*, 73, p. 394-402.

Bonjean D. *et al.*, 2015, « A new Cambrian block pigment used during the late Middle Palaeolithic discovered at Scladina Cave », *Journ. Arch. Sc.*, 55, p. 253-265.

Bonjean D. et Otte M., 2004, « Une organization fonctionnelle de l'espace d'habitat. Le cas de la grotte Scladina (Sclayn, Belgique) », *in* N. Conard (dir.), *Settlement Dynamics of the Middle Paleolithic and Middle Stone Age*, vol. 2, Kerns Verlag Tübingen, p. 261-271.

Bordes F., 1968, *Le Paléolithique dans le monde*, Hachette.

Boriskovski (dir.), 1984, *Le Paléolithique de l'URSS* (en russe), Académie des sciences de Moscou.

Bosinski G., 1967, *Die Mittelpaläolithischen Funde im Westlichen Mitteleuropa*, Böhlau.

Boule M., 1906, *Les Grottes de Grimaldi*, Imprimerie de Monaco.

Bourguignon L. (dir.), 2002, « L'habitat moustérien de "La Folie" (Poitiers, Vienne). Synthèse des premiers résultats », *Paléo*, 14, p. 29-48.

Bouyssonie A. et J. et Bardon L., 1908, « Découverte d'un squelette humain moustérien à la Bouffia de La Chapelle-aux-Saints (Corrèze) », *Anthropologie*, 19, p. 513-518.

Buckley W., 1974, « Théorie des systèmes anthropo-sociologiques », *in* E. Morin et M. Piatelli-Palmarini, *Pour une anthropologie fondamentale*, Seuil, p. 153-165.

Capitan L. et Peyrony D., 1909, « Deux squelettes humains au milieu de foyers de l'époque moustérienne », *Rev. École anthr. de Paris*, 19, p. 402-409.

Carbonell E., 2003, « Les premiers comportements funéraires auraient-ils pris place à Atapuerca, il y a 350 000 ans ? », *L'Anthropologie*, 107, p. 1-14.

Carbonell E. (dir.), 2012, *High Resolution Archaeology and Neandertal Behavior. Time and Space in Level J of Abri Romani (Capellades, Spain)*, Springer.

Cârciumaru M. et Nitu E., 2018, *Symbolic Behavior and Art on the Territory of Romania*, Editura Cetatea de Scaun.

Cârciumaru M., Nitu E. C. et Cîrstina O., 2014, « Une géode peinte à l'ocre par l'homme de Neandertal », *C. R. Palevol.*, 14, p. 31-42.

Catlin G., 1848, *Illustrations of the Manners, Customs and Conditions of North American Indians*, Dover Publications.

Cauvin J., 1976, *Les Premiers Villages de Syrie-Palestine, du IX*e *au VIII*e *millénaire avant J.-C.*, Maison de l'Orient de Lyon.

Chabai V., 1996, « Kabazi II, in the context of the Crimean Middle Palaeolithic », *Préhistoire européenne*, 9, p. 31-48.

Chabai V., Richter J. et Uthmeier T., 2005, *Paleolithic Sites in Crimea*, vol. 1 : *Kabazi II. Last Interglacial Occupation, Environment and Subsistance*, Simferopol.

Chabai V. et Uthmeir T., 2017, « New excavations at the Middle Paleolithic site Zaskalnaya V, Crimea. The 2012 and 2013 field seasons. A preliminary report », *Quartär*, 64, p. 27-71.

Chase P. et Dibble H., 1987, « Middle Paleolithic symbolism : A review of current evidence and interpretations », *Journ. Anthropol. Archaeology*, 6, p. 263-296.

Chnirelman V., 1988, « Grand-père ours. Les rituels de chasse dans les anciennes cultures eurasiatiques », *Courrier de l'Unesco*, p. 9-10.

Crémades M. *et al.*, 1995, « Une pierre gravée de 50 000 ans BP dans les Balkans », *Paleo*, 7, p. 201-209.

Crevecoeur I. *et al.*, 2010, « The Spy VI child : A newly discovered Neandertal infant », *J. Hum. Evol.*, 59, p. 641-656.

Damasio A., 1999, *Le Sentiment même de soi. Corps, émotions, conscience*, Odile Jacob.

Defleur A., 1993, *Les Sépultures moustériennes*, CNRS Éditions.

Delagnes A. et Rendu W., 2011, « Shifts in Neandertal mobility, technlogy and subsistance in Western France », *J. Arch. Sc.*, 38, p. 1771-1783.

Delluc G., Delluc B. et Roques M., 1995, *La Nutrition préhistorique*, Éditions Pilote.

Demars P.-Y., 1992, « Les colorants dans le moustérien du Périgord », *Bull. Soc. préhist. ariégeoise*, 47, p. 185-194.

Demidenko Y., 1996, « Middle Paleaolithic industries of Eastern Crimea : Interpretations of their variability », *Préhistoire européenne*, 9, p. 49-61.

Demidenko Y., 2011, « Zaskalnaya (Crimée), un site à sépultures multiples », *Archéologia*, p. 48-51.

Demindenko Y., 2015, « Palaeolithic industries with bifacial technologies and Crimean Micoquian tradition », *Journal of Lithic Research*, 3, p. 70-84.

Demidenko Y. et Uthmeier T., 2013, *Kiik-Koba Grotto, Crimea (Ukraine). Re-analysing of Key Site of the Crimean Micoquian*, vol. 3, Kölner Studien zur Prähistorischen Archäologie.

De Puydt M. et Lohest M., 1886, « Exploration de la grotte de Spy », *Ann. Soc. géol. de Belgique*, 13, p. 34-39.

De Puydt M. et Lohest M., 1887, « L'homme contemporain du mammouth à Spy », *Congrès de Namur 1886, Annales de la Fédération archéologique et historique de Belgique*, p. 205-246.

Dibble H., 1985, « Technological aspects of flake variation », *Am. Archaeol.*, 5, p. 236-240.

Edelman G. M., 1992, *Biologie de la conscience*, Odile Jacob.

Eliade M., 1949, *Traité d'histoire des religions*, Payot.

Eliade M., 1965, *Le Sacré et le Profane*, Payot.

Eliade M., 1976, *Histoire des croyances et des idées religieuses*, Payot.

Féblot-Augustins J., 1997, « La circulation des matières premières au paléolithique », *ERAUL*, 75, p. 536.

Fiore I. *et al.*, 2016, « From feathers to food : Reconstructing the complete exploitation of avifaunal resources by Neanderthal's at Fumane Cave, unit A9 », *Quat. Int.*, 421, p. 134-153.

Foley R. et Gamble C., 2009, « The ecology of social transitions in human evolution », *Phil. Trans. Royal Society*, 364, p. 3267-3279.

Frayer D., 2006, *The Krapina Neandertals. A Comprehensive, Centennial, Illustrated Bibliography*, Musée d'histoire naturelle de Zagreb.

Freud S., 1912, *Totem et tabou*, Payot.

Gabori M., 1976, *Les Civilisations du paléolithique moyen entre les Alpes et l'Oural*, Académie des sciences de Budapest.

Gabori-Csank V., 1976, « Le mode de vie et l'habitat au paléolithique moyen en Europe centrale », *in* L.-F. Freeman (dir.), *Les Structures d'habitat au paléolithique moyen. IXe congrès de l'UISPP à Nice*, prétirage, p. 78-104.

Gautier A., 1989, « Preliminary notes on the fauna of the Middle Palaeolithic site at Zwolen (Poland) », *ERAUL*, 33, p. 69-74.

Geneste J.-M., 1985, *Analyse lithique d'industries moustériennes en Périgord*, thèse de l'université de Bordeaux.

Geneste J.-M., 1991, « Systèmes techniques de production lithique », *Techniques et cultures*, 17-18, p. 1-35.

Germonpré M. et Hämäläinen R., 2007, « Fossil bear bones in the Belgian Upper Palaeolithic : Possiblity of a proto-bear ceremonialism », *Artic Anthropology*, 44, p. 1-30.

Giacobini G., 2006, « En parallèle aux sépultures », *C. R. Palevol*, 5, p. 177-182.

Gossiaux P., 1995, *L'Homme en société*, PUF.

Goval É. et Hérisson D., 2016, « Levallois points and triangular flakes during the Middle Palaeolithic in Northwestern Europe », *Quat. Int.*, 411, p. 216-232.

Guiart J. (dir.), 1979, *Les Hommes et la Mort. Rituels funéraires à travers le monde*, Le Sycomore-Objets et Mondes-Revue du Musée de l'homme.

Guille-Escuret G., 2012, *Sociologie comparée du cannibalisme*, 3 vol., PUF.

Hamperl H., 1967, « The osteological consequences of scalping », *in* D. Brotwell et A. T. Sandison, *Diseases in Antiquity*, C. C. Thomas Publishing, p. 630-634.

Hayden B., 2008, *L'Homme et l'Inégalité. L'invention de la hiérarchie durant la préhistoire*, CNRS Éditions.

Heim J.-L., 1982, *Les Enfants néandertaliens de La Ferrassie*, Masson.

Hérisson D., 2012, *Étude des comportements des premiers Néandertaliens du nord de la France. Les occupations saaliennes des gisements de Biache-Saint-Vaast et de Therdonne*, thèse de l'université de Lille.

Hérisson D. et Locht J.-L., 2013, « Néandertal et le feu au paléolithique moyen ancien. Tour d'horizon des traces de son utilisation dans le nord de la France », *L'Anthropologie*, 117, p. 541-578.

Jablonska E. et Lamb M., 2014, *Evolution in Four Dimensions. Genetic, Epigenetic, Behavioral and Symbolic Variations in the Hitory of Life*, MIT Press.

Jaubert J. *et al.*, 2016, « Early Neanderthal construction deep in Bruniquel », *Nature*, 534, p. 111-114.

Jensens A. E., 1954, *Mythes et cultures chez les peuples primitifs*, Payot.

Keeley L. H., 1993, « The utilization of lithic artifacts », *in* R. Singer, B. G. Gladfelter et J. J. Wymer, *The Lower Paleolithic Site at Hoxne, England*, University of Chicago Press, p. 129-137.

Kilani M., 2018, *Du goût de l'autre. Fragments d'un discours cannibale*, Seuil.

Klein R., 1969, « The Mousterian of European Russia », *Proceedings of the Prehistoric Society*, 35, p. 77-111.

Kolossov Y., 1983, *Les Sites moustériens de la région de Bielogorska (Crimée)* (en ukrainien), Académie des sciences de Kiev.

Kolossov Y., 1986, *La Culture akkaienne* (en ukrainien), Académie des sciences de Kiev.

Kolossov Y., 1988, « Les débuts du paléolithique supérieur en Crimée », *L'Anthropologie*, 92, p. 809-838.

Kolossov Y. et Stepanchuk V., 1993, *Paléolithique ancien de Crimée* (en ukrainien), Académie des sciences de Kiev.

Kozlowski J. et Kozlowski S., 1996, *Le Paléolithique en Pologne*, Éditions Jérôme Million.

Lajoux J.-D., 2006, « Le culte de l'ours. Un souvenir de la préhistoire », *Archéologia*, 435, p. 62-70.

Lambrechts P., 1954, *L'Éxaltation de la tête dans la pensée et dans l'art des Celtes*, De Tempel.

Larson F., 2019, *Têtes perdues et têtes trouvées. Pourquoi on coupe les têtes et ce qu'on en fait*, Omblage Éditions.

Lee R. et DeVore I. (dir.), 1968, *Man the Hunter*, Routledge.

Le Mort F., 1986, « Le décharnement du cadavre au paléolithique », *Bull. Soc. anthr. du Sud-Ouest*, 21, p. 205-215.

Le Mort F., 1988, « Le décharnement du cadavre chez les Néandertaliens, quelques exemples », *ERAUL*, 32, p. 43-55.

Leonardi P., 1975, « Incisioni pre-leptolitice europee », *Ann. Univ. Ferrara*, XV, II/8.

Leroi-Gourhan A., 1964-1965, *Le Geste et la Parole*, tomes I et II, Albin Michel.

Leroi-Gourhan A., 1983, *Mécanique vivante*, Fayard.

Leroi-Gourhan A. et Leroi-Gourhan A., 1989, *Un voyage chez les Aïnous. Hakkaïdo-1938*, Albin Michel.

Lestel D., 2001, *Les Origines animales de la culture*, Flammarion.

Lévi-Strauss C., 1958, *Anthropologie structurale I*, Plon.

Lévi-Strauss C., 1962, « La logique des classifications totémiques », *in La Pensé sauvage*, Plon, p. 48-99.

Lippi M. *et al.*, 2023, « New evidence of plant food processing in Italy before 40ka », *Quaternary Science Reviews*, 312, p. 108-161.

Locht J.-L., 2011, « Fonctionnement des habitats de plein-air en Île-de-France », *Les Dossiers de l'archéologie*, 345, p. 62-67.

Lot-Falck É., 1953, *Les Rites de chasse chez les peuples sibériens*, Gallimard.

Lumley M.-A. de, 2018, *Les Restes humains de la grotte du Lazaret*, CNRS Éditions.

Lumley M.-A. de *et al.*, 2020, « Apidima 1 et 2 : deux crânes anté-néandertaliens dans le Péloponnèse, Grèce », *L'Anthropologie*, 124, 102743.

Malaurie J., 1976, *Les Derniers Rois de Thulé. Avec les Esquimaux polaires face à leur destin*, Plon, « Terre humaine ».

Mania D. *et al.*, 1990, *Neumark-Gröbern*, Académie des sciences de Berlin.

Mania D. et Toepfer V., 1973, *Königsaue. Gliederung, Ökologie und mittelpaläolithische Funde der letzten Eiszeit*, VEB Deutscher Verlag der Wissenschaften.

Marchina C. *et al.*, 2017, « The skull on the hill. Anthropological and osteological investigations of contemporary horse skull ritual practices in Central Mongolia », *Anthropozoologica*, 52, p. 171-183.

Marshack A., 1988, « The Neandertal and the human capacity for symbolic thought », *ERAUL*, 32, p. 57-91.

Marshak A., 1991, *The Roots of Civilization*, Moyer Bell Limited.

Martini L., 2015, « The Neandertal in the Karst : First dating morphometric and paleogentic data on the fossil skeleton from Altamura (Italy) », *J. Hum. Evol.*, 82, p. 88-94.

Matioukine A., 1999, « Les ateliers paléolithiques de taille du silex dans la vallée de Severski (Rostov, Russie) », *Préhistoire européenne*, 13, p. 67-115.

Matioukine A., 2012, *Birouchaia Balka 2*, Académie des sciences de Saint-Pétersbourg.

Mjöberg E., 1934, *Bornéo, l'île des chasseurs de têtes*, Plon.

Mohen J.-P., 1995, *Les Rites de l'au-delà*, Odile Jacob.

Moncel M.-H., 2012, « Non-utilitarian lithic objects from European Palaeolithic », *Arch. Ethnol. of Eurasia*, 40, p. 24-40.

Morin E. et Piatelli-Palmarini M., 1974, *Pour une Anthropologie fondamentale*, Seuil.

Okladnikov A. P., 1949, *Recherches au site moustérien et inhumation de Neandertal à la grotte de Techik-Tash, sud de l'Ouzbékistan (Asie centrale)* (en russe), Académie des sciences de Moscou.

Otte M., 1990-1991, « Le sens des différences dans le moustérien d'Europe », *Quaternaria Nova*, 1, p. 653-662.

Otte M., 1991, « Evolution in the relationship between raw materials and cultural traditions in the European Palaeolithic », *in* A. Montet-White et S. Holen (dir.), *Raw Material Economies among Prehistoric Hunter-Gatherers*, University of Kansas (Publications in Anthropology, 19), p. 161-167.

Otte M., 1993, *Préhistoire des religions*, Masson.

Otte M., 1996, *Le Paléolithique inférieur et moyen en Europe*, Armand Colin.

Otte M. (dir.), 2014, *Néandertal/Cro-Magnon, La Rencontre*, Éditions Errance.

Otte M., 2014, « La mobilité rapide, caractère propre au paléolithique supérieur d'Eurasie », *ERAUL*, 140, p. 693-706.

Otte M., 2015, « Aptitudes cognitives des Néandertaliens », *Bull. Mus. anthr. préhist. Monaco*, 55, p. 15-40.
Otte M., 2018, « Le Lazaret et la pensée religieuse paléolithique », *in* M.-A. de Lumley (dir.), *Les Restes humains fossiles de la grotte du Lazaret*, CNRS Éditions, p. 641-647.
Otte M., 2019, « Aspects spirituels du paléolithique moyen en Belgique », *Notae Praehist.*, 39, p. 125-131.
Otte M., 2021, « Les traditions culturelles au paléolithique moyen en Europe centreale et orientale », *L'Anthropologie*, 125, 102909.
Otte M., Matioukin A. et Flas D., 2006, « La chronologie de Birouchaya Balka », *in The Early Upper Palaeolithic of Eurasia*, Académie des sciences de Saint-Pétersbourg, p. 183-192.
Page J. W., 1941, *Les Derniers Peuples primitifs*, Payot.
Patou-Mathis M., 2006, *Neandertal. Une autre humanité*, Perrin.
Patou-Mathis M., 2009, *Mangeurs de viande. De la Préhistoire à nos jours*, Perrin.
Peresani M., 2014, « Symbolic or utilitarian ? New inferences from the study of engraved stone surfaces », *Journ. Anthrop. Sciences*, 92, p. 233-255.
Peresani M. *et al.*, 2011, « Late Neandertal and the intentional removal of feathers », *PNAS*, 108, p. 3888-3893.
Peresani M. et Tagliacozzo A., 2011, « Neandertal. Un poco di vanitá », *Archeologia viva*, 150, p. 28-36.
Peyrony D., 1930, « Le Moustier, ses gisements, ses industries, ses couches géologiques », *Revue d'anthropologie*, 40, p. 155-176.
Peyrony D., 1934, « La Ferrassie », *Préhistoire*, 3, p. 1-92.
Poplin F., 1988, « Aux origines néandertaliennes de l'art : matière, forme, symétrie », *ERAUL*, 32, p. 109-116.
Pouget D., 2004, *L'Esprit de l'ours. Croyances et magie inuit*, Présence Image Éditions.
Power R. C. *et al.*, 2018, « Dental calculus indicates widespread plant use within the stable Neanderthal dietary niche », *Journal of Human Evolution*, 119, p. 27-41.
Radovcic D. *et al.*, 2015, « Evidence for Neandertal jewelry : Modified white-tailed eagle claws at Krapina », *PLoS One*, 10, e0119802.
Radovcic J., 1988, *The Krapina Hominids*, Musée national d'histoire naturelle de Zagreb.
Rendu W. *et al.*, 2013, « Evidence supporting an intentional Neandertal burial at La Chapelle-aux-Saints », *PNAS*, 111, p. 81-86.

Roebroeks W. et Van Kolfschoten T. (dir.), 1995, *The Earliest Occupation of Europe*, Publications de l'Université de Leyde.

Rolland N., 1981, « The interpretation of Middle Palaeolithic variability », *MAN*, 16, p. 15-42.

Rolland N. et Dibble H. L., 1990, « A new synthesis of Middle Paleolithic variability », *Am. Antiquity*, 55, p. 480-499.

Rots V., 2009, « The functional analysis of the Mousterian and Micoquian assemblages of Sessenfelsgrotte », *Quartär*, 56, p. 37-66.

Rots V., 2010, *Prehension and Hafting Traces on Flint Tools. A Methodology*, Louvain University Press.

Rougier H. *et al.*, 2016, « Neandertal cannibalism and Neandertal bones used as tools in Northern Europe », *Scientific Report*, 6, article 29005.

Roux J.-P., 1966, *Faune et flore sacrées dans les sociétés altaïques*, Adrien Maisonneuve.

Rowlett R. et Schneider J., 1974, « The material expression of Neandertal child care », *in* M. Richardson (édit.), *The Human Mirror*, Louisiana State University Press, p. 41-58.

Sahlins M., 1972, *Âge de pierre, âge d'abondance. L'économie des sociétés primitives*, Gallimard, « NRF ».

Saladié P. et Rodriguez-Hidalgo A., 2016, « Archaeological evidence for cannibalism in Prehistoric Western Europe, from *Homo* antecessor to the Bronze Age », *J. Arch. Method Theory*, 24, p. 1034-1071.

Schebesta P., 1957, *Les Pygmées du Congo belge, ces inconnus*, Les Éditions du Soleil levant.

Schmerling P.-C., 1833-1834, *Recherches sur les ossements fossiles découverts dans la province de Liège*, Collardin, 2 vol.

Schmitz R. et Thissen J., 2000, *Neandertal. Die Geschichtegeht geht weiter*, Spektrum.

Smirnov Y., 1981, *Les Sépultures moustériennes en Eurasie* (en russe), Académie des sciences de Moscou.

Smirnov Y., 1989, « Intentional human burials Middle Paleolithic (last glaciation) beginings », *J. World Preh.*, 3, p. 199-233.

Smith W., 1894, *Man, the Primeval Savage*, Edward Stanford.

Solecki R., 1963, « Prehistory in Shanidar Valley, Northern Iraq », *Science*, 139, p. 179-193.

Sonneville-Bordes D. de, 1969, « Les industries moustériennes de l'abri Caminad-Est », *Bull. Soc. préh. fr.*, 66, p. 293-310.

Soressi M. et Locht J.-L., 2010, « Les armes de chasse de Neandertal », *Archéopages*, 28, p. 6-11.

Speth J. D., 2004, « News flash : Negative evidence convicts Neanderthals of gross mental incompetence », *World Archaeology*, 36, p. 519-526.

Spoor F., 2013, « Small brain and big mouthed (Dmanisi variability) », *Nature,* 502, p. 452-453.

Stepanchuk V. *et al.*, 2017, « The last Neanderthals of Eastern Europe : Micoquian layers IIIa and III of the site of Zaskalnaya VI (Kolosovskaya), anthropological records and context », *Quat. Int.*, 428, p. 132-150.

Suzuki H. et Takai F. (dir.), 1970, *The Amud Man and His Cave Site,* University of Tokyo Press.

Taskiran H. *et al.*, 2021, « Une nouvelle découverte d'installation néandertalienne en Turquie : le camp de plein air Sürmecik en Anatolie », *L'Anthropologie*, 125, 102838.

Tchernysch A. P., 1961, *Paleolititcna stoyanka Molodova V,* Académie des sciences de Kiev.

Tchernysch A. P., 1982, *Single Case of a Mousterian Settlement in the Middle Dniester Bassin,* Académie des sciences de Moscou.

Thieme H., 2007, *Die Schöninger Speere. Mensch und Jagd vor 400 000 Jahren*, Theiss.

Thomas L.-V., 1976, *Anthropologie de la mort*, Payot.

Tillet T. et Bernard-Guelle S., 1996, « Behaviour patterns, strategies and selection, the Mousterian site of Preletang (Vercors) : The Mousterian in Alps », *Middle Palaeolithic and Middle Stone Age Settlement System,* XIIIe Congrès de l'UISPP, Forli, vol. 6, t. 1, p. 319-326.

Tillier A.-M., 1988, « Les sépultures néandertaliennes du Proche-Orient, état de la question », *Paléorient*, 14, p. 130-136.

Tillier A.-M., 2011, « Early evidence of single, multiple and collective burials in the Levant », *TÜBA-AR,* 14, p. 245-260.

Toussaint M. et Pirson S., 2006, « Neandertal studies in Belgium : 2000-2005 », *Periodicum Biologorum*, 108, p. 373-387.

Trinkaus E., 1985, « Cannibalism and burial at Krapina », *J. Hum. Evolution*, 14, p. 203-216.

Tuffreau A. et Sommé J., 1988, *Le Gisement paléolithique moyen de Biache-Saint-Vaast (Pas-de-Calais),* vol. 1, Mémoires de la Société préhistorique française, 21.

Turk I., 2007, *Divje Babe I, Upper Pleistocene Paleolithic Site in Slovenia*, Opera Instituti Archaeologici Sloveniae.

Turk M. *et al.*, 2018, « The Mousterian musical instrument from Divje Babe I cave (Slovenia) : Arguments on the material evidence for Neanderthal musical behavior », *L'Anthropologie*, 122, p. 679-706.

Ullrich H., 1986, « Manipulations on human corpses, mortuary practices and burial rites in Palaeolithic Times », *Anthropos (Brno)*, 23, p. 227-236.

Ullrich H., 1991, « Totenriten, Bestattungen, Schädelkult und Kannibalismus im Paläolithikum », *Mittel. Berliner Gesellschaft für Anthropologie, Ethnologie und Urgeschichte*, 12, p. 21-30.

Ulrix-Closset M., 1975, *Le Paléolithique moyen dans le Bassin mosan en Belgique*, Éditions Universa.

Vandermeersch B. et Maureille B. (dir.), 2007, *Les Néandertaliens. Biologie et cultures*, Éditions du CTHS.

Vasilyev S., Sinitsyn A. et Otte M., 2017, « Le Sungirien, Saint-Pétersbourg 2016 », *ERAUL*, 147.

Villeminot J., 1959, *Paradis primitif*, Connaissance du monde.

Wernert P., 1936, « L'anthropologie rituelle de la chasse aux têtes », *L'Anthropologie*, 46, p. 32-43.

Wernert P., 1947, « Culte des crânes à l'époque paléolithique », *in* Collectif, *Histoire générale des religions*, Librairie Aristide Quillet, p. 53-72.

Wilson E. O., 2003, *L'Avenir de la vie*, Seuil.

Zilhao J. *et al.*, 2010, « Symbolic use of marine shells and mineral pigments by Iberian Neanderthals », *PNAS*, 107, p. 1023-1028.

Table

DU MÊME AUTEUR
CHEZ ODILE JACOB

Sommes-nous si différents des hommes préhistoriques ?, 2020.

L'Audace de Sapiens. *Comment l'humanité s'est constituée*, 2018.

À l'aube spirituelle de l'humanité. Une nouvelle approche de la préhistoire, 2012.

Inscrivez-vous à notre newsletter !

Vous serez ainsi régulièrement informé(e)
de nos nouvelles parutions et de nos actualités :

https://www.odilejacob.fr/newsletter

Cet ouvrage a été composé
en Adobe Garamond Pro
par Nord Compo
à Villeneuve-d'Ascq (Nord).

N° d'édition : 4150-0601-X – N° d'impression : 122377407
Dépôt légal : janvier 2024

Imprimé en France par Présence Graphique